Queenig & Spleenig?!

Wie die Engländer ticken

Nina Puri

Langenscheidt

Berlin · Madrid · München · Warschau · Wien · Zürich

Die Autorin:
Nina Puri ist gebürtige Engländerin, die nach diversen Stationen mittlerweile im schönen Hamburg lebt und arbeitet, das es in Sachen Wetter, rote Backsteine und Reserviertheit locker mit ihrem Heimatland aufnehmen kann. Sie hat bereits fünf Bücher veröffentlicht, u.a. die Bestseller *Elternkrankheiten* und *Katze-Deutsch/Deutsch-Katze*.

Danksagung der Autorin:
Danke, Kris Puri, Emi Umenylora, Inge Puri, Taj Puri, Alex Steudel, Will Hausmann, Susan Imgrund, Lucie und Matthias Persch, Adeline Lepsius Springorum, Alexander Springorum und Bene Holtappels.

Queenig & Spleenig?!

Wie die Engländer ticken
von Nina Puri

Lektorat: Barbara Kreißl
Projektleitung und Redaktion: Gudrun Rücker
Layout: Dorothea Huber, Berlin
Umschlaggestaltung: semper smile, München
Bildmotive: *Flagge* iStockphoto/Claudio Divizia; *Arm und Schirm* iStockphoto/Skip ODonnell; *Schirm schwarz* iStockphoto/Arunas Gabalis; *Bulldogge* adpic; *Krone* Getty Images/Squared Studios; *Tasse* iStockphoto/Peter Albrektsen. *Teebeutelhalter:* Vorlage Donkey Products GmbH & Co.KG (www.donkey-products.com), Illustration Narcisa Fluturel

© 2012 Langenscheidt KG, Berlin und München
Satz: Schulz Bild & Text, Mainz
Druck und Bindung: Stürtz GmbH, Würzburg
ISBN: 978-3-468-73847-0

12010

Inhalt

Vorwort

In dem wir uns den Engländern mit gesundem
deutschen Menschenverstand nähern. Was natürlich
zum Scheitern verurteilt ist.

Die Engländer sind der weltgrößte Produzent von Humor, Exzentrikern und schlechten Elfmetern. Sie trinken den ganzen Tag Tee, essen Pommes mit Essig, tragen lustige Hüte, nennen ihre Ortschaften „Fröhlicher Hintern" und „Splitter-Irgendwas" und sagen *sorry*, wenn man ihnen auf den Fuß tritt. Aber was wissen die Deutschen noch über dieses Volk, das Ihnen den unaussprechlichen Laut *th* geschenkt hat? England hat mehr zu bieten als bezaubernde Relikte der Vergangenheit wie Richter in Perücken, einen Prinzen, der mit Pflanzen spricht und die weltlangsamste in Betrieb befindliche Untergrundbahn. Kennen Sie zum Beispiel den Masturbations-Marathon oder das britische Rasenmähermuseum? Wissen Sie, warum Briten bei 0° Celsius Flipflops tragen, weshalb man in einem englischen *pub* verschimmeln kann und wie man einen magischen Superkreisel überlebt? Haben Sie schon mal einen *train-spotter* gesehen, Tante Biep geguckt oder Tunten in Soße probiert? Dieses Buch erläutert die wichtigsten Unterschiede zwischen Deutschen und Engländern, und erklärt, wie man sich als *Kraut* auf der Insel bewegt ohne in Fettnäpfchen zu treten oder gebratenen Igel essen zu müssen. Ein Werk, das in jeden deutschen Hüftbeutel gehört!

Geographie

Der grimmige Norden, der affige Süden, das richtige und falsche
London und das zweitrangige Gekröse drum herum.

Wie heißt dieses merkwürdig geformte, vom Regen gebeutelte Archipel in der Nordsee eigentlich richtig: England? Oder *Blighty*, wie manche ältere Einheimische liebevoll sagen? Vielleicht auch Albion, wie noch ältere, nämlich antike Einheimische seinerzeit sagten? Oder wie steht's mit Röjalmöniek? Britannien? Großbritannien? Vereinigtes Königreich von Großbritannien? Vereinigtes Königreich von Großbritannien und Nordirland? Selbst die Einwohner des lustigen Lands jenseits des Ärmelkanals scheinen nicht so ganz genau zu wissen welche Version die korrekte ist. Dieser allgemeinen Unsicherheit ist es vielleicht zu verdanken, dass der Inselstaat der einzige Staat der Welt ist, der den Namen vorsichtshalber nicht auf seinen Briefmarken trägt.

Um es also hier ein für allemal zu klären: Das Land, das hier gemeint ist, heißt staatlich beglaubigt und vereidigt Vereinigtes Königreich von Großbritannien und Nordirland. Ja, das ist ein ganz schöner Bandwurm, offiziell sogar der längste Ländername der Welt. Zum Vereinigten Königreich von Großbritannien und Nordirland (man kann es gar nicht oft genug sagen) gehören die Landesteile England, Wales, Schottland und Nordirland. Während viele Deutschen aus Unwissenheit England zur gesamten britischen Insel sagen – was in etwa so ist, als würde man Bayern zu ganz Deutschland sagen – finden einige Engländer durchaus, dass Wales, Schottland und Nordirland im Grunde nur zweitrangiges Gekröse am Rand des größten Landesteils namens England sind. Wogegen wiederum Schotten, Nordiren und Waliser ein klein wenig empfindlich reagieren, wenn man sie unter dem Oberbegriff Engländer in einen Topf schmeißt. In diesem Buch jedenfalls geht es ausschließlich um diesen kleinen Landesteil – England. Alles klar?

England ist unterteilt in 40 Grafschaften, die wiederum in 81 Verwaltungsbezirke aufgeteilt sind. Findet man in einem Ort eine Kathedrale vor, handelt es sich in der Regel um eine *city*. Gibt es dagegen nur eine Kirche, einen Pub, eine Schule, eine Einkaufszone mit Filialen von Boots, WHSmiths und Greggs the Baker, einen Ententeich und einen asiatischen Cornershop, in dem man auch nachts um zwei überteuerte und lebensnotwendige *basics* wie Bier, Pringle-Chips, abgelaufene Schokolade, Zigaretten und pornographisches Material bekommt – dann handelt es sich um eine ganz gewöhnliche *town*.

Die mit Abstand größte City und Metropol-Region in England ist London. Ein Viertel der 50 Millionen Menschen in England lebt hier – wobei sowohl die eleganten Nordlondoner als auch die hippen Südlondoner jeweils glauben, dass nur sie im richtigen London wohnen, das praktischerweise durch die Themse vom falschen London abgeteilt ist. Ein weiteres Viertel behauptet, „am Rand" von London zu wohnen und wieder ein weiteres Viertel schwört Stein und Bein, dass es mit der *tube* wirklich nur 20 Minuten braucht, um im Zentrum Londons zu sein.

Soweit die Südengländer wissen, wohnt nördlich von London im *grim north* – auf Deutsch: im „grimmigen Norden" – wirklich kein Mensch. Außer vielleicht ein paar haarigen, stumpfen, leicht zurückgebliebenen Brei-Essern. Im Norden Englands wiederum schüttelt man den Kopf über die sowohl affigen als auch windigen Südengländer, die den ganzen Tag in der Sonne liegen. Die Bewohner Londons wissen in der Regel gar nicht, dass überhaupt Lebensformen außerhalb Londons existieren. Genauso wie die Berliner zwar immer über Berlin meckern, gleichzeitig aber völlig sicher sind, dass man in Deutschland nirgendwo anders leben könne.

Solch heitere Ignoranz hat bei Engländern auch in größerem Maßstab System. Obwohl große englische Entdecker wie Francis Drake, Walter Raleigh, James Cook oder Robert Scott bahnbrechende Erkenntnisse (so wie ein paar Zehen und Teile ihrer Ohren) über andere Kontinente, Menschen und Sitten hinterließen, ignorierten die Engländer stets standhaft, dass es jenseits des Ärmelkanals nennenswerte Nationen geben könnte. Schon Shakespeare schwärmte von der Einzigartigkeit Englands: „Dieses Juwel, in silbernes Meer gefasst, das als Mauer dient ... gegen den Neid unglücklicherer Länder ..." Und niemand reagierte befremdet, als um 1900 eine Schlagzeile der Times titelte: „Nebel im Kanal – Kontinent abgeschnitten!" In England leben zu dürfen bedeutet aus englischer Sicht das höchste Glück auf Erden und als gebürtiger Engländer hat man quasi den Hauptpreis im großen Lebenslotto gezogen. Kein Wunder, dass alle anderen benachteiligten Völker von Neid zerfressen sind und immer wieder versuchen, die englische Insel zu erobern oder zu infiltrieren – erfolglos natürlich! Ob spanische Armada, französische Armée oder deutsche Wehrmacht, alle sind sie an der englischen Mauer des Widerstands gescheitert. Fast wäre auch der *Channel Tunnel*, der Tunnel zwischen England und Frankreich an diesem Widerstand – besonders seitens der älteren Engländer – gescheitert. Immerhin konnten diese mit ihrem Gegrummel durchsetzen, dass beide Enden des Tunnels mit furchterregenden Zäunen und Elektrosperren gesichert wurden und dass der Tunnel so eng ist, dass zwischen zwei Zügen kaum eine gemeine Stubenfliege durchpasst.

Es ist eben nach wie vor sehr englisch, allem zu misstrauen, was ausländisch ist. Auch wenn Engländer mittlerweile deutsche Autos (mit Rechtssteuerung) fahren, belgisches Bier trinken, indisches Curry und türkisches Kebab essen, sich mit schwedischen Möbeln einrichten, amerikanische Filme auf japanischen Fernsehern gucken und insgesamt eines der kulturell buntesten Völker der Welt sind, verteidigen sie leidenschaftlich alles, was *english* ist gegen üble und gleichmacherische europäische Einflüsse. So halten viele Engländer trotzig an ihren seltsam krummen Maßeinheiten fest – den *inches, feet, yards, miles, square inhces, square feet, acres, ounces, pounds, stones, pints und gallons* –, obwohl diese schon seit Jahrzehnten offiziell durch das europaweit gültige Dezimalsystem ersetzt wurden. Sie bewahren das britische Pfund tapfer vor der Verdrängung durch den bösen Euro. Sie lassen ihre Richter in seltsamen Löckchenperücken und Kostümen aus dem 15. Jahrhundert herumlaufen. Sie fahren erhobenen Haupts auf der linken Straßenseite, obwohl 80%

aller weltweit gebauten Autos für das Fahren auf der rechten Straßenseite ausgelegt werden. Und sie halten stoisch zu ihrem Königshaus mit all seinen verstaubten und verschnörkelten Kutschen, Krönchen, Mäntelchen und Uniformen.

Aber was ist denn nun, abgesehen von diesen sichtbaren und messbaren Relikten, überhaupt *typically english*? Fragt man die Engländer, sagen sie: Ganz klar – englische Höflichkeit, englischer Humor, englische Toleranz, englisches *fair play* und englischer *common sense*. Seien wir ehrlich: Diese Liste an englischen Eigenschaften wäre alles andere als vollständig, wenn man nicht mit dem geschärften Blick eines Kontinentaleuropäers auch englische Sturheit, englischen Größenwahn und englische Durchgeknalltheit hinzufügen würde.

Tatsächlich ist das Land voller Gegensätze: England hat eine der ältesten Demokratien der Welt und gleichzeitig die meisten Überwachungskameras in ganz Europa. Es hat die märchenhaftesten Moorlandschaften und zugleich die potthässlichsten Industrielandschaften, die man sich vorstellen kann. Es hat so viele Sterne-Restaurants wie Frankreich oder Italien und gleichzeitig kulinarische Unsäglichkeiten wie Pommes-Sandwichs auf der Speisekarte. Man findet hier die prunkvollsten Schlösser und Burgen sowie die lausigsten Fensterverglasungen und Wasserhähne. Es ist eine Todsünde, sich in einer Schlange vorzudrängeln, aber ganz normal, Fußballfans im falschen Trikot mit Baseballschlägern niederzuknüppeln. Schulkinder stehen in Schlips und Kragen aufgereiht bei der Morgenandacht, Urlauber mit Tatoos und Stringtangas kübeln grölend in die Gullis. England ist nicht mal halb so groß wie Deutschland, die englische Königin aber ist das Staatsoberhaupt von 16 Ländern. Unzählige Nobelpreisträger kommen aus England, aber auch die meisten verrückten Professoren. Haustiere dürfen im Bett schlafen und Kinder werden aufs Internat verfrachtet. Was ist daran englisch? Alles zusammen! Es gibt wahrscheinlich kein widersprüchlicheres Völkchen auf Erden als die Engländer.

In einem sind sich allerdings fast alle Engländer einig, nämlich darin, dass Deutsche doof sind. Jedes Schulkind kennt die Kampfansage von Winston Churchill: „Wir werden an den Stränden kämpfen, wir werden auf dem Land kämpfen, wir werden in den Feldern kämpfen, wir werden in den Bergen kämpfen." Und viele Engländer sind davon überzeugt, dass Deutsche immer noch alle Hans und Helga heißen, stechschrittartig in Lederhosen und Dirndl durch die Gegend gehen und dabei fortwährend „Jawohl!", „Achtung!" und „Verboten!" rufen. Prince Harry erschien vor ein paar Jahren als Deutscher verkleidet auf einer Kostümparty – in Naziuniform mit Hakenkreuzbinde. Der Queengemahl Prince Philipp brachte es einmal sogar fertig, den ehemaligen Bundeskanzler Helmut Kohl bei einem Staatsbesuch mit „Herr Reichskanzler" anzusprechen, ohne dass sich auf englischer Seite jemand groß darüber gewundert hätte. Was auch daran liegen mag, dass sich ohnehin niemand mehr groß über den Queengemahl wundert, der bei einem Staatsbesuch den in Landestracht gekleideten Präsidenten von Nigeria mit den Worten begrüßte *You look like you're ready for bed* („Sie sehen aus, als ob Sie sich schon bettfertig gemacht hätten"). Einen Studenten in Papua Neu-Guinea fragte er: *You managed not to get eaten then?* („Sie haben es also bisher geschafft, nicht gegessen zu werden?").

Aktuell drehen sich die erbittertsten Kämpfe zwischen Engländern und Deutschen um die Sonnenliegen in spanischen All-inclusive-Hotels. Und um Fußballtore. Bei jedem größeren Spiel zwischen England und Deutschland laufen die englischen Zeitungen Amok und überschlagen sich darin, all die Scheußlichkeiten zu beschreiben, die man den *Krauts, Boschs, Huns, Fritzes* und *squareheads* an den Hals wünscht.[1]

Natürlich ist Engländer nicht gleich Engländer. Im Folgenden sind ein paar unterschiedliche Charaktere aufgeführt, die Ihnen in England so über den Weg laufen könnten.

Billy: Einer, der alles mit viel Energie und Schmackes wuppt. Wenn er zu streberhaft vorgeht, könnte er allerdings ein *Billy no-mates* werden: ein Typ ohne Freunde.

Bird: Frau. Na ja, genau genommen ist der Ausdruck etwas fleischeslustiger und bedeutet auf Deutsch in etwa „Torte". Hat die Torte keine Lust auf Sex, heißt sie flugs *bitch*.

---

1 Krauts heißen die Deutschen, weil sie, wie jeder weiß, von Sauerkraut und Schweinshaxe leben. Deshalb auch der Name Bosch, der nichts mit deutscher Küchengerätekompetenz zu tun hat, sondern vom französischen ‚boche', Schwein stammt. Zum Kosenamen Huns kamen die Deutschen im Ersten Weltkrieg, als sie nach einer Brandrede von Kaiser Wilhelm II. in China einfielen wie die Hunnen. Fritz kommt daher, dass viele Deutsche im Ersten und Zweiten Weltkrieg diesen komischen Namen trugen. Und ein squarehead ist in England ein Vierkantbolzen. Praktisch, nüchtern und langweilig. Passt!

Bloke: Typ. Wird allerdings nur auf wildfremde Leute angewandt. Wer zu den eigenen Freunden *„Hi blokes"* sagt, klingt allenfalls wie ein Deutscher, der ein echt schlechtes Deutsch-Englisch-Wörterbuch hat.

Boffin: Etwas abfälliger Begriff für jemanden, der Spezialist in seinem Fach ist. Impliziert unter anderem – wie der in Deutschland verwendete Begriff *Nerd* -, dass derjenige unangenehmen Körpergeruch und keinerlei Geschlechtsverkehr hat. Boffins sind oftmals in der IT-Branche zu finden.

Cockney: Person aus dem Osten Londons. Cockneys haben einen besonderen Akzent, von dem alle Engländer nach zwei, drei Bier irrtümlicherweise glauben, ihn perfekt nachmachen zu können.

Dandy: Die Art Mann, deren *way of life* aus dem Tragen von Tweedjacketts, gepressten Hosen und Budapester Schuhen besteht. Dandys sind mittlerweile vom Aussterben bedroht und werden lediglich vom britischen Magazin *The Chap* („Der Kumpel") künstlich am Leben erhalten.

Dosser: Einer, der rumhängt ohne viel zu tun. Ein Hausmeister, der nur Löcher in die Luft guckt oder eine Rentnerin, die hinter den Gardinen beobachtet, was die Nachbarn so machen.

Geezer: Bedeutet schlicht Typ, also allgemein irgendein Mann eben. Sagt man allerdings *„So-and-so is a real geezer"*, ist das ein Ausdruck großer Bewunderung.

Joe Bloggs: auch *Joe Public.* Das ist der gleiche Typ, der auf Deutsch Max Mustermann heißt. Otto Normalverbraucher also, der kleine Mann auf der Straße, der einem nie auf der Straße, sondern nur auf behördlichen Vordrucken begegnet.

Lad: Ein Mann, der richtiges Männerzeug macht wie: sich komplett betrinken, unfassbar viel Lärm machen, Frauen blöd anmachen und sich jede Menge Ärger einhandeln. Nicht notwendigerweise in dieser Reihenfolge. Das Gleiche in weiblich heißt *laddette* oder *real blonde* und meint in der Regel eine Frau, deren Lebensziel es ist, einen *hair-salon* zu eröffnen.

Luv: Schätzchen. Den Begriff werden Sie in England oft aus dem Mund einer Supermarkt-Kassiererin hören: *That'll be seven-ninetynine, luv!* – „Das macht dann sieben-neunundneunzig, Schätzchen."

Mate: Ein sehr gebräuchlicher Begriff für gute Kumpel. Kann aber auch in der Bedeutung von „Freundchen" verwendet werden, wie zum Beispiel in *watch it, mate!* – „Pass auf, Freundchen!" Will sich allerdings jemand mit Ihnen *maten*, will er nicht ihr bester Kumpel sein, sondern schlicht Sex haben.

Nutter: Ein Bekloppter. Auch die Begriffe *crackpot, fruitcake, headcase, loony, oddball, psycho, schizo, sicko, wacko, weirdo* bezeichnen alle eine Person, die sie nicht mehr alle hat.

Shell suit: Jugendlicher Taugenichts aus einer Sozialbausiedlung, bis zur Halskrause in illegale Aktivitäten verstrickt.

Scouser: Jemand mit einem Liverpool-Akzent. Das Wort kommt von *lobscouse*, was ursprünglich von Labskaus kommt – einem Seemanns-Gericht, dessen Erfindung sich sowohl Engländer als auch Deutsche auf die Fahne schreiben. Das Vorurteil, dass Scouser so schlitzohrig sind, dass sie einem das Hemd vom Rücken weg klauen, rührt aus dem 19. Jahrhundert, als Liverpool voller auswanderungs-wütiger Iren war. Und dass *die* Schlitzohren sind, das weiß ja jedes englische Kind.

Sloane: Eine Art Yuppie aus dem Londoner Stadtteil Chelsea, der von seinem Papa zum 18.ten Geburtstag einen Porsche und eine £1-Million-Wohnung in Chelsea bekommen hat und nichts zu tun hat außer mit extrem attraktiven und aristokratischen Frauen in Chelsea Clubs oder auf Chelsea Partys abzuhängen.

Sprog: Ein kleines Kind, auf Deutsch in etwa „Balg". Andere mehr oder weniger nette Begriffe für die kleinen Wesen, über die man zu Hause beim Saubermachen stolpert: *child, infant, kid, kiddie, young'un oder ankle-biter* – „Knöchelbeißer".

Swot: Schwarzmarkthändler. Auch *pikey* genannt. Also einer dieser Typen, deren Geschäftspraktiken man prinzipiell ablehnt, bis man ihm die allerletzte Lady Gaga Konzertkarte zum völlig hanebüchenen Preis abkauft und auf ewig dankbar ist.

Train-spotter: Jemand, der als Hobby die Nummern fahrender Züge aufschreibt. Das Deutsche hat kein Wort dafür, wahrscheinlich, weil sich keinem Deutschen der tiefere Sinn dieser Beschäftigung erschließt. Freilich gelten auch in England *train-spotter* als seltsame, eigenbrödlerische Menschen, die vorwiegend einsamen sexuellen Praktiken nachgehen.

Tommy: Der Begriff stammt aus dem 19. Jahrhundert. Und zwar von dem fiktiven Soldaten namens Thomas Atkins, der damals in einer Info-Broschüre über militärische Ausrüstung abgebildet war. Mit der Zeit hat sich die Kurzform *Tommy* für englische Soldaten eingebürgert.

Trolley dolly: Stewardess. Entspricht der deutschen „Saftschubse".

Twit: Idiot. Ein Begriff, der vielfach anzuwenden ist, vor allem, wenn man als Engländer einen Deutschen beschreiben möchte.

Twonk: Idiot. Der Begriff ist jedoch zu freundlich für die Anrede eines Deutschen. Englischer Ideenreichtum zeigt sich in der Vielfalt der Begriffe, die alle auf die eine oder andere Weise „Idiot" bedeuten: *apeth, barmpot, barmstick, basket, berk, blockhead, bollock-brain, bozo, cretin, dimwit, dipstick, divvy, dope, eejit, fuckwit, imbecile, jackass, jamhead, loon, moron, muppet, ninny, numbskull, pillock, plonker, pranny, prat, tit, turnip, twat, wally, wazzack.*

White trash: Ist nicht etwa eine Art in England üblicher Sondermüll – ohnehin trennen die Engländer im Gegensatz zu den Deutschen ihren Müll nicht –, sondern ein im wahrsten Sinn abfälliger Ausdruck für weißhäutige Unterschichtler, die im Trainingsanzug rumlaufen, tiefergelegte Autos fahren und eine fünfzehnjährige schwangere Freundin haben. Andere Ausdrücke für das Gleiche*: chav* oder *trailer trash.*

Yardy: ein Ausdruck für die Art farbiger Londoner, die mit Sonnenbrillen, fetten Goldkettchen, Skijacken und Baseballmützen an Straßenecken rumlungern und nichts Gutes im Sinn haben.

Sprache

Verräterische Akzente, seltsame Reime, verflixte
Mehrdeutigkeiten und ein klassischer deutscher Fehler.

Als Deutscher glauben Sie natürlich, Englisch zu können. Schließlich haben Sie es ja schon in der Grundschule gehabt. *Hello, my name is Susan. The hat is on the mat. Look, Michael is playing with the dog.* Und so weiter und so fort. Wenn Sie das erste Mal in England ankommen, werden Sie schon innerhalb der ersten Minuten beim kurzen Gespräch mit dem Mann an der Passkontrolle, mit der Frau an der Ticketausgabe für den *shuttlebus* oder mit dem freundlichen Taxifahrer in Kings Cross merken: Einen Dreck können Sie. Das wird sich auch so schnell nicht wesentlich ändern. Trösten Sie sich damit, dass kein Engländer richtig Englisch kann. Sagen die Engländer jedenfalls selbst. So erklärte schon George Bernard Shaw 1912 im Vorwort zu Pygmalion: „Für einen Engländer ist es unmöglich, den Mund aufzumachen, ohne dass ein anderer Engländer ihn dafür verachtet." Dazu muss man wissen: Akzente waren lange Zeit eine große Sache in England. An ihnen ließ sich nämlich auf Anhieb ablesen, welcher sozialen Klasse jemand entstammte. Margaret Thatcher nahm als Premierministerin Sprechunterricht, um ihre Herkunft aus der Arbeiterklasse zu vertuschen. TV-Moderatoren und Radiosprecher mussten sich mühevoll ihren Dialekt abtrainieren. Und selbst in ganz gewöhnlichen Stellenanzeigen wurde ausdrücklich ein *proper accent* verlangt, der

„piekfeine Akzent" also, der im Volksmund *Queens English* oder *BBC English* heißt.

Diesen wird man in ein paar Jahren wahrscheinlich allenfalls noch bei Auslandskorrespondenten, Staatsbegräbnissen oder im Empfangssaal des Erzbischofs von Canterbury hören. Moderne Engländer haben nämlich entdeckt, dass das affektierte Näseln der *upper class* dann doch irgendwie uncool ist und es viel hipper rüberkommt, wenn man wie der einfache Mann auf der Straße klingt. Indem man zum Beispiel ein paar Konsonanten weglässt und *ba'a* statt *butter* sagt. *Wo'a* statt *water*. Oder *chewsday* statt *tuesday*. Oder typische Cockney-Begriffe wie *lovely jubbly, alwroight* oder *darlink* in seine Sätze einstreut. Oder – sehr zum Unbehagen der älteren Generation – Kurzformen wie *innit* für *isn't it* („ist es nicht") benutzt. Mit modernen Engländern sind hier übrigens keineswegs nur gelangweilte Westlondoner Halbwüchsige oder Medienschaffende gemeint, sondern auch Leute wie Ex-Premier Tony Blair, Starkoch Jamie Oliver, Madonnas Ex Guy Ritchie und diverse Britpop Band-Mitglieder. Es gibt für dieses Phänomen auch ein Wort: *Mockney* – zusammengesetzt aus *mock* und *Cockney* (auf Deutsch: falscher oder falsches Cockney*)*. So nennt man Leute aus der Mittel- oder Oberklasse, die meinen, sie könnten den Respekt der Arbeiterklasse gewinnen, indem sie genau so sprechen wie diese. Ganz so einfach wie im Deutschen, wo man nur „Er so: Boah, ey!", „Und ich so: Nee, ne?" ins Gespräch streuen muss, um zu klingen wie ein veritabler Voll-Proll, ist es aber mit Mockney nicht. Nehmen wir nur ein paar Beispiele aus dem typischen Cockney Reim-Slang: *See you alligator* heißt

wörtlich: „Seh dich Alligator." Und sinngemäß: „Bis später!"
Alligator reimt sich auf das Wort *later* (später) und ersetzt es.
Just nippin' out for a barry! heißt wörtlich: „Nur mal kurz auf
einen Barry raussprinten!" Und sinngemäß: „Ich geh kurz
auf die Toilette." Wieso? Barry steht für *Barry White*, was
sich auf das Wort *shite* (Schiss) reimt und es dann ersetzt. *A
nasty vincent you've got there!* heißt wörtlich: „Einen gemei-
nen Vincent hast du da!" und sinngemäß: „Du hustest aber!"
Es wird hier eingesetzt, weil Vincent für Vincent van Gogh
steht, was sich auf *cough* (Husten) reimt. Genauso funktioniert die Sache mit *Your getting on my wick!* *Wick* (Docht)
reimt sich auf *prick* (Schwanz), weshalb das wörtliche „Du
gehst mir auf den Docht!" eigentlich meint: „Du gehst mir
auf den Sack!" Kompliziert? Die Engländer lieben eben
kniffligen Wortwitz und sprachliche Kalauer; wie es sich für
ein Volk gehört, in dem mehr als die Hälfte aller Haushalte
ein Scrabble-Spiel im Schrank haben. Es gibt in London
mittlerweile sogar Geldautomaten, deren Bildschirmtexte
Cockney, beziehungsweise Mockney sprechen und die statt
nach der PIN um die Eingabe des *Huckleberry Finn* bitten
und *sausage and mash*, also „Würstchen mit Kartoffelbrei"
statt *cash* anbieten. Ob eine Kamera eingebaut wurde, um
ratlose Blicke von Touristen festzuhalten, ist nicht bekannt.
Genau genommen sind Mockneys wie Deutsche, die „Hal-
löchen, Popöchen" oder „zum Bleistift" sagen oder Sätze mit
Einlagen schlecht imitierter Mundart garnieren („Gell, da
glotsch?"), bloß auf höherem Niveau.
Dass Cockney seit ein paar Jahren so populär ist, liegt vielleicht daran, dass die Engländer Angst haben, dass ihre ur-

englischen Akzente von nichtenglischen Klängen verdrängt werden könnten. In London breitet sich zum Beispiel dank der vielen Immigranten ein Kauderwelsch aus Englisch, Jamaikanisch, Indisch und Rap aus. *Jafaican*, auch *Tikkiny* genannt, wird vorwiegend von weißen *middle class* Jugendlichen mit schlechten Dreadlocks und tiefergelegten Jeans gesprochen, die glauben, sie seien *gangstas* aus einem jamaikanischen Ghetto. Wer alle Folgen der TV Serie *The Wire* über Drogenhandel in Baltimore im Original gesehen hat, versteht zumindest im Ansatz, was mit *Safe, man* („Hallo"), *Rah, das nuff nang!* („Das ist gut"), *Mek wi njam* („Wollen wir was essen?") oder *Mi nuh like fi bowcat* („Ich möchte keinen Oralsex") gemeint ist und kann entsprechend handeln. Wenn ein Wort sich nicht im Englisch-Deutsch-Wörterbuch nachschlagen lässt, ist es übrigens nicht zwangsläufig Cockney oder Jafaican, sondern möglicherweise *textspeak,* eine weitere Sprachform, die sich dank Smartphones vor allem bei Teenagern (aber nicht nur!) verbreitet. Sie verkürzt *obviously* zu *obvs, probably* zu *probs, totally* zu *totes* und *sorry* zu *soz.* Auch das Wort *deffo* für *definitely* werden Sie täglich hören. Oder Begriffe wie *omg (Oh my God)*, *wtf (What the fuck)* und *lol (laughing out loud). Btw (by the way)* haben jedoch nachweislich selbst 70% der Teenager größte Mühe, auszuklamüsern, was verdammte Hacke mit *CSThnknAU, 2G2B4G* oder *TTYL8R*[2] eigentlich gemeint ist.

---

2   *Can't stop thinking about you* („Kann nicht aufhören, an dich zu denken"), *Too good to be forgotten* („Zu gut, um vergessen zu werden") und *Talk to you later* („Wir sprechen uns später").

Einer der bemerkenswertesten englischen Akzente wird ausschließlich von deutschen Touristen gesprochen – das deutsche Schulenglisch, bei dem zum Beispiel das englische *th* wahlweise zu bösen Zungenverrenkungen führt oder als s gesprochen wird. Zu welch lustigen Missverständnissen das führen kann, verdeutlicht ein Werbespot für Sprachkurse: Ein deutscher Küsten-Wachmann fragt auf die verzweifelte Funkdurchsage eines Schiffes *We are sinking!* heiter nach: *What are you sinking about?* In Schulenglisch wird außerdem das englische *w* ausgesprochen wie ein *v* und das englische *j* und *g* wie ein tonloses *tsch*. Lassen Sie sich vom hysterischen Kichern der Einheimischen nicht einschüchtern, wenn Sie in unnachahmlich deutscher Mundart nach dem Weg fragen, einen Regenschirm kaufen oder sich über das Essen beschweren:

Exkjus mi, vär is se Backinghäm Päläs?

In Tschörmeni vie häv not hahf so matsch räin leik hier.

Sänk ju, but can I tschast häv normal Fullkornbred?

In jüngster Zeit soll es angeblich eine zunehmende Zahl von Engländerinnen geben, die den deutschen Akzent sexy finden – angeblich, weil er so aufregend hart klingt. Womöglich finden sich deswegen auch so viele Anleitungsfilme auf Youtube, die Engländern zeigen, wie man den deutschen Akzent authentisch hinkriegt. Schämen Sie sich also nicht, sondern denken Sie immer daran: *Vie ar se Tschämpjens!* Wer weiß, vielleicht werden in England womöglich sogar bald die als typisch deutsch empfundenen praktischen Brustbeutel von Jack Wolfskin oder fußgerechte Gesundheitssandalen *top of the pops?*

Fast ebenso aufschlussreich wie der Akzent ist beim Gebrauch der englischen Sprache die Wortwahl. Je nachdem, ob man beispielsweise bei Nachfragen *Pardon?* oder *Sorry?* sagt, zum Mittagessen *lunch* oder *dinner,* zur Toilette *loo* oder *toilet,* zum Wohnzimmer *lounge oder sitting room,* ist man rappzapp in der obersten oberen, oberen oberen, mittleren oberen, unteren oberern, untersten oberern, obersten mittleren, oberen mittleren, mittleren mittleren, unteren mittleren, untersten mittleren, obersten unteren, oberen unteren, mittleren unteren, unteren unteren oder untersten unteren Klasse eingeordnet. Derlei Spitzfindigkeiten sind diffizil und für Deutsche ohnehin nicht weiter relevant, denn die können sich auf den Kopf – wahlweise *head, noddle* oder *crust* – stellen, sie fallen in England grundsätzlich in die Klasse *other than English*, ergo *aliens.*

Die fünfhundert Vokabeln, die ein durchschnittlicher Engländer im Alltag benutzt, sind nur ein Bruchteil des ganzen englischen Vokabulars. Auch wenn Sie weitere fünfhundert Wörter pauken oder sogar fünftausend oder fünfzigtausend, werden Sie immer noch über unzählige Wörter stolpern, die Sie nie zuvor gehört haben. Die englische Sprache enthält – all die vielen verlegenen Räusper- und Hüstel-Geräusche, die Engländer so machen, nicht mal mitgerechnet – über eine halbe Million Wörter. Alleine für das deutsche Wort Null gibt es sechs englische Entsprechungen. Je nachdem ob man eine mathematische Zahl, ein Fußballergebnis, den Stand eines Tennismatchs, eine Telefonziffer, Vertragliches oder das Ergebnis einer vergeblichen Anstrengung damit zum Ausdruck bringen will, heißt Null *nil, zero, o, love, null*

oder *zilch.* Engländer halten auch Begriffe für Dinge bereit, die kein anderes Land für benamenswert halten würde: *Erinaceous* beispielsweise bedeutet „igelartig". *Tittynope* bezeichnet das „klitzekleine Bisschen", das von irgendetwas übrig geblieben ist. *Gobbledygook* meint „Englisch, das durch den Einfluss von Jargon schwer zu verstehen ist." Und ausgerechnet das längste Wort im Englischen – *floccinaucinihilipilification* nämlich – bedeutet soviel wie „etwas, das so unwichtig ist, dass es nicht der Rede wert ist."
Als ob es in der englischen Sprache nicht schon von derlei abstrusen Begriffen wimmeln würde, verfasste der englische Schriftsteller Douglas Adams seinerzeit ein Wörterbuch der bisher unbenannten Gegenstände und Gefühle, genannt „Der tiefere Sinn des Labenz". Und als ob auch das nicht genug wäre, haben die Engländer vorsichtshalber jede Menge ausländischer Wörter beschlagnahmt. Zum Beispiel *Angst, Autobahn, Bratwurst, Dachshund, Doppelganger, Frauleinwunder, Führer, Gemutlichkeit und Hasenpfeffer.* Ööh – Hasenpfeffer?
Was das Beherrschen der englischen Sprache mitunter zu einer Rutschpartie macht, ist der Umstand, dass viele Wörter zwei und sogar mehr Bedeutungen haben können. So bedeutet *spring* je nachdem „Frühling", „hüpfen" oder „Sprungfeder". *Spell* je nachdem „Fluch" oder „buchstabieren". *Pet* je nachdem „Haustier" oder „streicheln". Und *break* je nachdem „Pause" oder „kaputt machen". Je nach was? Tja. Je nach dem Satzzusammenhang und/oder der Betonung. Falls das keinen Aufschluss gibt, heißt es: Raten! Was jüngst dazu führte, dass ein argloser Tourist, der aufgrund eines Tankstellen-

Schilds mit der Aufschrift *Polish massage* glaubte, in den Genuss einer osteuropäischen Wellnessbehandlung zu kommen, durchaus enttäuscht mit einem Gutschein für eine Autopolitur dastand.

Es gibt in der englischen Sprache aber erfreulicherweise auch Wörter, die es genauso im Deutschen gibt. Das Wort *Billion* zum Beispiel. Schade nur, dass es nicht – wie im Deutschen – Tausend Milliarden meint. Das wäre ja auch zu simpel. Im Englischen steht Billion für tausend Millionen, also soviel wie die deutsche Milliarde meint. Oder das Wort *handy*. Das bedeutet soviel wie „nützlich" und mitnichten – wie im Deutschen – „Mobiltelfon", was die Engländer übrigens sehr drollig finden. Ach, und wo wir gerade dabei sind: Die Engländer *mailen* Computernachrichten nicht, sondern *posten* sie. Dafür heißt aber die Post aus Papier *mail* und wird vom *postman* gebracht. Der wiederum für eine Organisation arbeitet, die – hehe – *The Royal Mail* heißt. Alles *clear?* Was es übrigens – das sei in diesem Zusammenhang noch erwähnt – seit 150 Jahren immer noch gibt, das sind die kleinen roten *pillar boxes*, die Briefkästen, in die schon Sherlock Holmes seine *mail* eingeworfen hätte, wenn es ihn denn gegeben hätte.

Kommen wir nun zu etwas Anspruchsvollerem, nämlich der Aussprache des Englischen am Beispiel der Buchstabenkombination o-u-g-h. Nehmen wir das Wort *through*, auf Deutsch: „durch", gesprochen: *thruu*. Was lernen wir? „ough" wird „uu" ausgesprochen. Einfach. Und nun nehmen wir das Wort *rough*, auf Deutsch: „rau", gesprochen: *raff*. Wieso? Keine Ahnung. Jedenfalls sehen Sie, dass die Sache mit dem o-u-g-h komplizierter ist als gedacht. Wort Nummer drei: *dough*, auf Deutsch: „Teig", gesprochen: nicht duu und nicht duff, sondern: *doh*. Ha! Weiter im Programm. Wenn englische Grundschulkinder das lernen können, können Sie es auch. Also, Wort vier: *Plough*, auf Deutsch: „Pflug", gesprochen: *plau*. Keine Sorge, die Engländer sind ein tolerantes, verständnisvolles Volk. Keiner wird sein warmes Bier ausspucken und sich lachend auf dem Pub-Boden wälzen, nur weil Sie ein *Pluuuumans Lunch* bestellt haben. Ei woher denn, haha! Fünftens: *Lough*, auf Deutsch: „See", gesprochen: *lock*. Warum? Gute Frage. Nächste Frage. Sechstens: *Cough*, auf Deutsch: „Husten", gesprochen: *koff*. Wahrscheinlich ist es einfacher, Klingonisch zu sprechen. Aber dann wären Sie am ganzen Körper behaart und müssten auf Qq'noS wohnen. Halt, wir sind noch nicht ganz fertig mit dem o-u-g-h! Denn siebtens: *Hiccough*, auf Deutsch: „Schluckauf", klingt wie: *Hikkap*.

Es gibt unzählige weitere Beispiele für derartige englische Toleranz bei der Aussprache: Suchen Sie nach der Stadt *Leominster*? Fragen Sie nach *Lemster*. Erkundigen Sie sich statt nach *Daventry* besser nach *Daintree*. Die Familie *Marjoribanks* wird *Marchbanks* ausgesprochen, *Mr. Featherstonehaugh* ist *Mr. Fanshawe* und Mrs. *Cholmondeley* kennt man als *Mrs. Chumley*.

Was dafür die Engländer gar nicht aussprechen können, sind schöne deutsche Umlaute und das deutsche *ch*. Probieren Sie es mal: *Eikhornschen*. Johann Sebastian *Back*. Polizei*wacke*. Schlimme *Sacke*, hehe. Und was lernen wir aus all dem? Nichts. *Cheers!* Ach ja – ein wichtiger Hinweis: Es ist es sehr englisch, Gespräche wahlweise mit einem jovialen *Cheers!* oder einem irgendwie in der Luft hängenden, unbeholfenen *Yeah ...* zu beenden.

Für deutsche Ohren und Zungen stellen zwei kleine englische Worte, die für jeden Engländer klar und offensichtlich unterschiedlich geschrieben und – natürlich – auch ganz unterschiedlich ausgesprochen werden, eine schwere Herausforderung dar: *Lounge* (gesprochen: laundsch, Bedeutung: „Aufenthaltsraum") und *launch* (gesprochen: lornsch, Bedeutung: „Einführungsphase") Ich weiß nicht WIE oft ich in Businessmeetings schon die Frage hören musste, wann der Aufenthaltsraum losgeht. Oder umgekehrt im Flughafen die Frage danach, wo denn wohl die VIP-Einführung ist. Drum an dieser Stelle ein für alle mal: Launch, Lounge. Zwei Wörter, zwei Bedeutungen. *Got me?*

Wenn Sie gar kein Englisch können, kommen Sie dennoch mit Hilfe eines kleinen Wörtchens prima durch: *nice!* Leute sind *nice*, das Wetter ist *nice*, ein Pub ist *nice*. Und wenn Sie anschließend irgendwas in ihren Bart murmeln und am Schluss ein *innit?*, also die zeitgemäße Form von *isn't it?* – „ist es nicht?" – dranhängen, wird zwar keiner was verstehen, aber alle werden Sie für einen ganz normalen Engländer halten.

Die Kunst der Konversation

Eilige Handshakes, linkische Küsse, peinliche Pausen und endloses Palaver über zehn Sorten Regen.

Als ordentlicher Deutscher haben Sie wahrscheinlich gelernt, dass man bei einer Begegnung mit fester Stimme „Guten Tag" oder „Hallo" sagt, sich namentlich vorstellt und die Hand des Gegenübers beherzt schüttelt. Das ist natürlich *so not*, was der klassische Engländer sich unter einer angemessenen Begrüßung vorstellt. Alleine schon die Sache mit dem ausufernden Handschlag: *Yuck!* Fassen Sie es nicht als persönliche Beleidigung auf, wenn ihr englisches Gegenüber Ihnen a) die Hand gar nicht gibt, sondern Ihnen nur freundlich zunickt oder zuwinkt, b) Ihnen so wieselartig die Hand hinhält und gleich wieder wegzieht, dass man allenfalls mit Hilfe einer Zeitlupenwiederholung entdecken könnte, dass er Ihnen die Hand gegeben hat, oder c) Ihnen zögernd und auf Armeslänge eine schlaffe blutleere Hand reicht und dabei guckt wie ein Kandidat aus Dschungelcamp, der dazu auserkoren wurde, in ein Aquarium voller achtäugiger Springspinnen zu greifen. Oft werden Sie auf eine etwas unbeholfene Mischung aus Winken, Hand reichen, Hand wegziehen und fahrig mit den Händen in der Luft herumrudern treffen. Denn die Engländer sind kein sonderlich taktiles Volk und grundsätzlich einigermaßen unsicher, was sie in einer heiklen Situation wie der alltäglichen Begrüßung mit ihren Händen machen sollen. Kolossale Unsicherheiten werden Sie auch auslösen, wenn Sie Ihrem englischen Gegenüber ohne jedes Vorweggeplänkel und aus dem Blauen heraus Ihren Namen an den Kopf schleudern: *Hello, I am Birgit Schmidt. – Excuse me?* „Hallo?" Was soll Ihr englisches Gegenüber denn bitte mit Ihrem Namen anfangen, wenn Sie sich bis zu diesem Zeitpunkt noch nicht mal darüber geeinigt haben, ob die Musik laut ist und das Wetter wunderbar und Nudelsalat im Allgemeinen überschätzt wird? Bevor Sie das alles nicht geklärt und damit eine höhere Ebene der Vertraulichkeit eingeläutet haben, können Sie sich Ihren Namen an die Backe schmieren. Den können Sie später immer noch, ganz en passant kundtun, wenn Sie sich näher gekommen sind – zum Beispiel, nachdem Sie Geschlechtsverkehr gehabt hatten oder vor dem Traualtar stehen. Die urbane, junge Boheme umgeht die leidige Namenssache ganz, in dem sie sich gegenseitig nur mit den Anfangsbuchstaben der jeweiligen Namen anspricht. Oder mit dem Anfangsbuchstaben der Vornamen plus der ersten Silbe der Nachnamens: *J-Lo* (Jennifer Lopez) *R-Patz* (Robert Pattinson). Geht doch. Falls irgendwelche obskuren Sachzwänge es erfordern sollten, Ihren richtigen Namen doch schon bei der allerersten Begegnung zu verraten, machen Sie es wie die Engländer: Murmeln Sie ihn mit abgewandtem oder verschämtem Blick so nuschelig in Ihren Bart, dass ihn niemand versteht – wahrscheinlich wird Ihre lustige deutsche Aussprache hier sehr hilfreich sein – und hängen Sie blitzschnell ein *How do you do* an. Bei dieser scheinbaren Frage handelt es sich selbstredend um eine reine Floskel, auf die kein Engländer mit Details über die Strapazen des Hausbaus, den laufenden

Scheidungsprozess oder den letzten Bandscheibenvorfall antworten wird, sondern den er lediglich mit einem ebenso dahingesagten *How do you do* quittieren wird. Oder – falls er in besonders mitteilsamer, persönlicher, emotionaler Stimmung ist, mit einem verlegenen *Well, well …* oder *Yeah, not too bad …*

Die Redewendung *Pleased to meet you!* – „Erfreut, dich zu treffen!", die in allen Englisch-für-Anfänger Lehrbüchern als Standardsatz aufgeführt wird, ist zwar noch in Gebrauch, wird aber mittlerweile von vielen Engländern als irgendwie peinlich empfunden – was angesichts der Tatsache, dass Engländer so ziemlich alles peinlich finden, relativ gesehen werden kann. Einige Benimmbücher erklären das Unbehagen damit, dass es eine Lüge wäre, zu sagen, man wäre erfreut, jemanden zu treffen, den man ja noch gar nicht kennt, weil man im Vorhinein ja gar nicht wissen könne, ob das Treffen einen erfreuen wird oder nicht. Höhö, eine ziemlich seltsame Erklärung, wenn man bedenkt, dass es in der englischen Sprache von höflichen Halbwahrheiten nur so wimmelt. Egal. Machen Sie es wie die Engländer und rattern Sie statt *Pleased to meet you* einfach blitzschnell *Plstmitye* runter, dann haben sie einen wunderbaren Kompromiss zwischen leicht peinlich und ziemlich unverständlich gefunden und sind damit erstens sehr britisch und zweitens auf der sicheren Seite.

Unter Engländern, die unter dreißig sind oder in der Medienbranche arbeiten, gelten natürlich lockerere Regeln. Genau wie in Deutschland sind saloppe Begrüßungen wie *Hi, Hey* und *Ay* an der Tagesordnung. Und unter sehr guten

Freunden begrüßt man sich auch schon mal mit einem freundlichen *Whassup, ye wanker?* – was in etwa dem deutschen „Was geht, du Arsch?" entspricht. Oder, wenn man weiblich und – für englische Verhältnisse – sehr unerschrocken ist, gleichzeitig sehr kosmopolitisch rüberkommen will, dann begrüßt man sich mit Wangenküssen, auf Englisch: *mwah-mwahs.* Danach aber muss, und das ist der springende Punkt des ganzen Britischseins, unbedingt entweder ein linkisches *I say …* folgen. Oder ein unbeholfener Witz auf eigene Kosten; oder eine peinliche Pause; oder eine holprige Kombination aus allen drei Dingen. Denn Linkischkeit, Unbeholfenheit, Peinlichkeit und Holprigkeit sind die verlässlichen Grundpfeiler jeder Begegnung mit Engländern. Als typischer, auf Funktionieren programmierter Deutscher werden Sie das wahrscheinlich ein paar Mal üben müssen, bis es läuft wie – na ja, eben wie nicht geschmiert. Rufen Sie sich einfach die berühmte Szene aus „Ein Fisch namens Wanda" ins Gedächtnis, in der der Schauspieler John Cleese – mit nichts als einem Portraitfoto vor dem nackten Genital bekleidet – mit einer Gruppe von Wohnungsinteressenten konfrontiert wird und auf seinem Gesicht blankes Entsetzen, Verlegenheit und eingefrorenes Lächeln miteinander wetteifern. SO sieht ein typisch britisches Hallo aus!
Eine prima Möglichkeit, ein Gespräch zu eröffnen oder peinliches Schweigen zu füllen ist das Sprechen übers Wetter. Auch wenn es in England nur zwei Sorten Wetter gibt (kalter Regen, warmer Regen) wird der Engländer nie müde, die elementaren Fragen zu erörtern: 1) Wann wird es heute regnen? 2) Wie wird es heute regnen? Die Präzisierung von

drops of rain, whisps of rain, drizzling rain, sprinkling rain, soft rain, dash of rain, spitting rain, streaming rain, hammering rain, pouring rain, lashing rain, pelting rain, bickering rain, heavy rain, drenching rain, downpouring rain, buckets of rain, rainfall, driving rain, rainstorm, pissing rain, sheets of rain, flurry of rain, showers of rain, torrents of rain, flooding rain und *monsoon* kann ganze Abende füllen. Mit *Looks like rain!* machen Sie nie was falsch. Wichtig beim *weathertalk* ist freilich, dass Sie Ihrem Gegenüber immer zustimmen. Selbst wenn es draußen Bindfäden regnet, lautet die einzig korrekte Antwort auf die Bemerkung *Lovely day, isn't it?* („Schöner Tag, nicht wahr?") *Yes, wonderful, isn't it?* („Ja, herrlich, ist es nicht?"). Wenn Sie diese Regel beherzigen wird man Sie, selbst wenn diese Antwort das Letzte ist, was Sie den ganzen Abend von sich geben, als äußerst angenehmen, wohlerzogenen und schlagfertigen Gesprächspartner in Erinnerung behalten. Und so ganz nebenbei, das werden Sie rasch merken, gehen unangenehme Gespräche gleich ein ganzes Stückchen leichter von der Hand, wenn man erst mal übers Wetter plaudert:

Looks like rain, doesn't it? „Es sieht nach Regen aus, tut es das nicht?"

Oooh, yes, it's clouding up, it really is! „Oh ja, es bewölkt sich immer mehr, das tut es tatsächlich."

Has been raining quite a lot, recently, hasn't it? „Es hat in letzter Zeit ziemlich viel geregnet, nicht wahr?"

Actually, it has. Terrible, isn't it? „Gewiss hat es das. Furchtbar, ist es nicht?"

By the way, I shagged your best friend yesterday. „Ach übrigens, ich habe gestern deine beste Freundin gevögelt."

Oh, did you? Well, never mind. „Oh, hast du? Naja, kein Problem."

Yeah. „Yeah."

Wenn Sie aufbrechen müssen, rechnen Sie mindestens eine Viertelstunde ein. Selbst Abschiede von Zufallsbekanntschaften, mit denen Sie kaum fünf Worte gewechselt haben, gestalten sich im Gegensatz zu den wortarmen englischen Begrüßungen so herzlich wie kaum eine andere Interaktion zwischen Engländern.

Thanks love, thank you so much, that was wonderful, we must keep in touch. Bye, bye-bye, goodbye, take care …

Selbst wenn Sie zum x-ten Mal gedrückt, umarmt und geherzt wurden als gäbe es kein Morgen, wird Ihr englischer Bekannter Ihnen noch nachwinken bis Sie nur noch als kleines Pünktchen am Horizont zu erkennen sind. *Goodbyes* – „Auf Wiedersehens", Plural! – nennt man das englische Abschiedsritual nicht ohne Grund. Eine mögliche Erklärung für diese völlig unenglische, exaltierte Gefühlsduselei ist, dass Engländer nichts so sehr lieben wie ihre Privatsphäre. Das in Aussicht stehende Endlich-wieder-allein-sein, wenn der lästige Gast abgezischt ist, erfüllt sie mit solcher Vorfreude, dass der Gefühlshaushalt schier überläuft.

Weil es in England selbstverständlich für jede Regel eine ebenso gültige Gegenregel gibt, muss hier eingeräumt werden, dass sich bei Leuten unter 30 oder Angestellten in der Medienbranche eingebürgert hat, ausufernde Abschiedszeremonien auf ein salopp dahin gerotztes *See ya!* oder *Catch ya later!* oder einfach nur *Laters!* zu verknappen. Das entspricht dem deutschen „Bis dann!"

Humor

Tote Pfannen, alberne Gangarten, Omas der Hölle
und extrem kurzsichtige Skispringer.

Auf nichts sind Engländer stolzer als auf ihren Humor. Ja, viele Engländer sind sogar felsenfest davon überzeugt, dass Humor an sich in England erfunden wurde und zwar mit Hilfe einer einzigartigen Geheimrezeptur aus Ironie, Sarkasmus, Understatement, Respektlosigkeit, Wortspielerei, totalem Unfug und ein paar anderen obskuren Zutaten, deren genaue Zusammensetzung niemand außer den Engländern selbst kennt. Echten Humor – und das ist überhaupt das Beste daran – versteht niemand außer den Engländern so richtig.

Haben Sie schon mal einen Engländer gesehen, der sich vor Lachen auf die Schenkel schlägt? Nach Luft japst? Seine Seiten hält? Seinem Gegenüber auf die Schulter klopft? Oder irgendwas anderes Hilfreiches tut, um anzudeuten, dass er gerade etwas Witziges gesagt hat? Natürlich nicht! Auch das angeblich so britische Augenzwinkern – *twinkle in the eye* – oder „*Knickknack,* Sie wissen schon, zwinker, zwinker" praktiziert kein Engländer, der etwas auf sich hält. Der Witz am englischen Humor ist nämlich, dass man so tut, als meine man alles ganz furchtbar ernst und deshalb keine Miene verzieht, ganz egal, was für einen Mumpitz man gerade vom Stapel gelassen hat. Mit dem gleichen unbewegten Gesichtsausdruck, mit dem der Nachrichtensprecher erzählt, dass der

Premierminister eine Unterredung mit dem Kabinett hatte, wird er möglicherweise hinzufügen, dass er auch mit dem Bücherregal sprach und mit der Kommode diskutierte. Oder seine Zuschauer darüber informieren, dass er selbst tischabwärts nackt ist. Der Bäcker, der Ihnen gerade routiniert die zwei bestellten Frühstücksbrötchen eingepackt hat, wird vielleicht mit Grabesstimme fragen: *Want an alligator sandwich to go with it?* – „Vielleicht noch ein Krokodil-Sandwich dazu?" und dabei so ausdruckslos schauen, wie das sonst nur vollgebotoxte Z-Promis hinkriegen. *Deadpan* nennt man diesen Gesichtsausdruck im Englischen – „Tote Pfanne". Und wenn Sie englisch sein möchten, dürfen Sie als Gegenüber keinesfalls mit der Wimper zucken, sondern müssen mit Betongesicht etwas erwidern wie *Oh, and why not take a morsel of boiled tractor, too?* – „Oh, und warum nicht auch ein Häppchen gekochten Traktor dazunehmen?" Erinnern Sie sich an das Spiel, bei dem sich zwei angucken, und wer zuerst lacht, hat verloren? Genau so ist es mit britischem Humor. Da Engländer selbst nie genau wissen, ob ein anderer sie gerade hoch nimmt oder nicht, sind sie ununterbrochen in Lauerstellung und warten nur darauf, mit einer Pointe beschossen zu werden, um dann schnell mit ernstem Gesicht zurück zu schießen. Meister der englischen Komik tun sogar gar nichts außer todernst dreinzuschauen. Denken Sie nur an Auftritte von John Cleese, dessen staatstragende Miene allein genügt, um Zuschauer zum Lachen zu bringen!

Gehen Sie im Alltag vorsichtshalber immer davon aus, dass rein gar nichts vollkommen ernst gemeint ist. Engländer schaffen es kaum *hello* zu sagen, ohne einen Scherz hinterher zu schicken, und eine Unterhaltung ohne irgendeine Art von Gespöttel, Frotzelei oder Schabernack ist völlig undenkbar – ganz egal, ob man an der Bushaltestelle steht, beim Amt oder auf einer Beerdigung. Für Engländer, die geschäftlich mit Deutschen zu tun haben, und – sagen wir mal – gerade dabei sind, einen Millionendeal auszuhandeln, muss es nachgerade ein übermenschlicher Kraftakt sein angesichts der ernsthaften Deutschen, die Arbeit und Schnapslaune strengstens trennen, all die aufwallenden Witze zu unterdrücken!

Eine zweite englische Eigenart neben jener, nichts vollkommen ernst zu meinen, ist die, nichts und niemanden vollkommen ernst zu nehmen. *Aww... come off it!* – „Ach, nun mach mal halblang!" – lautet der typisch englische Ausspruch, der jedem, der auch nur annähernd im Verdacht stehen könnte, sich irgendwie zu wichtig zu nehmen, unweigerlich den Boden unter den Füßen wegzieht. *Hitler? Aww... come off it!* Eine um 1940 im englischen Radio übertragene Comedy-Show war europaweit die einzige, die den Zweiten Weltkrieg auf die Schippe nahm: *It's That Man Again* – „Da ist schon wieder dieser Mann" hieß sie. Und mit *That Man* war natürlich nicht der Mann von der englischen GEZ gemeint, sondern der deutsche Führer, der nebst einem deutschen Spion namens Funf zur Zielscheibe britischen Spotts wurde.

Und welches Land außer England würde allen Ernstes als Reaktion auf U-Bahn-Bomben und radikalislamistische Kriegstreiber fröhlich ein Comedy-Stück namens *Jihad – The Musical* aufführen oder Witze veröffentlichen wie den, in dem eine voll verschleierte Terroristin ihre Freundin fragt: *Does my bomb look big in this?* – "Sieht meine Bombe (*bomb* klingt im Englischen wie *bum*, „Hintern") da drin groß aus?"

Überhaupt zeichnet sich der englische Humor aus durch die komplette Abwesenheit von Respekt gegenüber allem, was anderen Völkern heilig ist – wie zum Beispiel Würdenträger, Alter, Nationalhelden oder Krankheiten. Jeder, der die letzten Jahrzehnte nicht im Koma verbracht hat, erinnert sich an Monty Python's *Ministry of Silly Walks*, das „Ministerium für alberne Gangarten", in dem ehrbare Ministeriumsmitarbeiter mit würdigem Gesichtsausdruck herumhoppeln und -staksen oder wie Königspinguine auf Koks durch die Gegend eiern. Oder an die *Hell's Grannys*, „Omas der Hölle", eine Gang von randalierenden und aufrührerischen Über-70jährigen. Oder an *Philosopher Football*, das Fußball-Match zwischen völlig selbstvergessen vor sich hin debattierenden und fuchtelnden Philosophen. Oder die *Twit Olympics*, in denen vertrottelte 100-Meter-Läufer in alle Richtungen laufen und Schwimmer wie Mehlsäcke untergehen. Selbst der Tod sieht irgendwie lustig aus, wenn Gekreuzigte fröhlich schunkelnd *Always look on the bright side of life* – „Schau immer auf die heitere Seite des Lebens" – singen und pfeifen wie in der Komödie *Life of Brian* – „Das Leben des Brian". Dieses Lied ist übrigens sowohl eines der beliebtesten Lieder auf englischen Beerdigungen als auch bei englischen Fußballturnieren – was einen nicht über Gebühr erstaunen sollte. Schlussendlich handelt es sich ja dabei um zwei recht ähnlich niederschmetternde Arten von Veranstaltung.

Die eklatante britische Unfähigkeit, Dinge gebührend ernst zu nehmen, macht es für politische und religiöse Fanatiker jedweder Couleur ziemlich schwer, in England Anhänger für ihre Sache zu finden: *Er, wait a sec, you mean I'm supposed to sit in a plane and fly right into a skyscraper?* – „Öh, warte mal, du meinst, ich soll mich in ein Flugzeug setzen und in einen Wolkenkratzer rein fliegen?" *Aww, come off it!* Auch die eigene Regierung hat es nicht leicht. Es gibt tonnenweise Comedy-Sendungen, die Politiker so gnadenlos durch den Kakao ziehen, dass die Macher in Deutschland schon Heerscharen von Unterlassungsklagen und Strafanzeigen an der Backe hätten. Englische Politiker, die auf sich halten, setzen sich freiwillig in die Höhle des Löwen, und manche wechseln sogar professionell ins Comedy-Fach. Was, wenn man sich einige der sehr erheiternden Reden im Parlament mal anhört, vermutlich gar keiner großen Umschulung bedarf. Wogegen deutsche Politiker und Humor in etwa so weit auseinander liegen wie Spitzbergen und Feuerland.

Im Gegensatz zu Deutschen machen Engländer sich aber nicht nur über andere, sondern auch über sich selbst lustig. Der Trick an der Sache mit der Selbstironie ist natürlich, dass Engländer sich in Wirklichkeit mitnichten albern finden, sondern ganz wunderbar und obendrein bescheiden – und nur so tun, als würden sie sich selbst klein machen. Genau so wie die Klassenbeste, die nach jeder Arbeit jammert, dass sie wieder alles falsch gemacht hat, herrje, und dann doch eine glatte Eins hat. Wenn also ein Engländer beim Small Talk an der Ampel kopfschüttelnd bemerkt: *Silly me, I completely forgot that Sartre revised his concept of existential psy-*

choanalysis! – „Ich Trottel habe ja total vergessen, dass Sartre sein Konzept der existentiellen Psychoanalyse überarbeitet hat!" Oder beim Ausklamüsern der Essensrechnung bescheiden kommentiert: *I'm afraid, I'm hopeless at mental arithmetic, but doesn't the root of 97344 by any chance happen to be 312?* – „Ich fürchte, ich bin lausig im Kopfrechnen, aber ist die Wurzel aus 97344 nicht zufällig 312?", steht am Ende natürlich nicht er selbst, sondern das Gegenüber als Doofi da.

Eine sehr englische Art, sein Gesicht zu wahren, sollte eine Pointe mal in die Hose gehen – was, wie bereits erwähnt, nicht leicht festzustellen ist, da das Gegenüber ohnehin nie Zeichen der Belustigung von sich geben wird –, ist es, von vornherein darauf hinzuweisen, wie unfassbar unwitzig und langweilig man selbst leider ist, um dann den ganzen Abend alle anderen unter den Tisch zu witzeln. *Tongue in cheek,* „Zunge in der Wange", nennen Engländer ironische Bemerkungen aller Art, und viele davon sind nur für Insider zu verstehen. Dass die Bemerkung *Lovely weather!* witzig gemeint ist, ist natürlich jedem klar, wenn man gerade auf seinem Hausdach durch eine Überschwemmung paddelt. Wenn ein Engländer Henry VIII als *pleasant bloke,* „ganz netten Typen" bezeichnet, ist ohne geschichtliches Vorwissen nicht unbedingt zu verstehen, was daran ironisch sein soll (in Kürze: Henry VIII war ein tyrannisches, übel riechendes, übergewichtiges Ekel, das 6 Frauen verschliss). In englischen Unterhaltungen wimmelt es von solchen elitären „Ich-weiß-dass-du-weißt-das-ich-weiß-dass-du-weißt-was-ich-damit-meine" Bemerkungen, bei denen alle Zuhörer, die nicht wissen, dass ich weiß, dass du weißt, dass ich weiß, dass du weißt, hoffnungslos überfordert sind und nur Bahnhof verstehen. Engländer schätzen auch beim Scherzen nichts so sehr wie das Gefühl zu einem elitären Club zu gehören. Weshalb sie Witze lieben, die wirklich keine Socke versteht, wie: *Two birds are flying, especially the second one* – „Zwei Vögel fliegen, vor allem der zweite." Oder *There I was, covered in honey from head to toe, and suddenly I was thrown out of the bus.* – „Da saß ich nun, von Kopf bis Fuß mit Honig beschmiert, und plötzlich wurde ich aus dem Bus geworfen."

Ganz verpönt ist die Sorte Witz, die anfängt mit: „Kennst du den … ?" Oder „Treffen sich ein Deutscher und ein Engländer …" Selbst wenn Sie vor einer Unterhaltung mit englischen Kollegen oder Bekannten die ganze Nacht im Schweiße Ihres Angesichts an einer Pointe gebastelt haben: Sie darf auf keinen Fall – ich wiederhole: Auf keinen Fall! – so wirken, als wäre sie einstudiert, sondern muss so kommen, als sei sie Ihnen ganz zufällig, so einfach mir nichts, dir nichts zugeflogen.

Als Deutscher sind Ihnen natürlich Grenzen gesetzt, wenn es um all die *puns* und *innuendos,* also Kalauer und Doppeldeutigkeiten geht, mit denen der englische Humor gespickt ist. Woher sollen Sie denn auch wissen, dass eine einzige Leerstelle aus dem Sinnspruch *The pen is mightier than the sword* – „Der Füller ist mächtiger als das Schwert" ein „Der Penis, mächtiger als das Schwert" macht? Oder dass das geschriebene *She sits among the cabbages and peas* – „Sie sitzt zwischen den Kohlköpfen und Erbsen" im Gesprochenen ganz genauso klingt wie „Sie sitzt zwischen den Kohlköpfen und pinkelt"?

Aber trösten Sie sich: Auch wenn Sie in einer Unterhaltung mit Engländern nicht immer verstehen, worüber die anderen lachen, werden Sie es alleine durch Ihre lustige deutsche Aussprache spielend schaffen, Tausende von aberwitzigen Kalauern und Doppeldeutigkeiten zu fabrizieren.

Nur eins entzückt die Engländer mehr als der eigene Sinn für Humor: die Tatsache, dass die Deutschen keinen haben. Schon Mark Twain meinte, der deutsche Humor sei kein Anlass zu Heiterkeit. Und auch heute noch überschlagen englische Zeitschriften sich regelmäßig vor Begeisterung darüber, dass die Deutschen in Umfragen zum unlustigsten Volk der Welt gewählt werden.[3]

Engländer betrachten deutschen Humor wahrscheinlich mit genau demselben gönnerhaften Gefühl, mit dem Deutsche ein chinesisches Automodell betrachten, das von deutschen Vorbildern abgekupfert ist. Natürlich machen sie es so gut sie es eben können, die Chinesen. Aber der Aschenbecher ist dann doch irgendwie fipsig. Und der Blinker wird, so wie er aussieht, bei der ersten Kurve abbrechen. Es ist eben doch nicht das Gleiche wie deutsche Qualitätsarbeit. Herrlich!

Ähnlich befriedigend muss es für einen Engländer sein, wenn ein Deutscher etwas zum Besten gibt, das er selbst für trockenen, englischen Humor hält. Und es bereitet den Engländern diebisches Vergnügen, Erklärungen dafür zu finden, warum die Deutschen es mit dem Humor einfach nicht

---

3 *Es darf an dieser Stelle nicht unerwähnt bleiben, dass die Engländer bei der Wahl im Jahr 2011 witzigerweise fast auf dem Fuß folgen: An Stelle vier nämlich!*

draufhaben. So behaupten einige (na klar: englische) Wissenschaftler, die deutsche Sprache sei zwar prima dazu geeignet, militärische Kundgebungen zu halten oder Anleitungen für Zündkerzen und Duschköpfe zu formulieren, man könne mit ihr aber eben keine Witze machen, das sehe man ja schon an deutschen Wörtern wie Donaudampfschifffahrtsgesellschaftskapitän oder Rindfleischetikettierungsüberwachungsaufgabenübertragungsgesetz. Zwar gibt es mittlerweile eine Handvoll deutsche Comedians, die regelmäßig durch England touren. Diese sind jedoch, vorsichtig ausgedrückt, nicht unbedingt die Speerspitze deutschen Humors. Vermutlich kommt ein Teil des englischen Publikums ohnehin nur, um zu sehen, dass es so etwas überhaupt gibt: deutsche Lustigkeit. Viele werden deutsche Komiker mit der gleichen Sensationslust betrachten wie seinerzeit die ersten Cricket-Teams in den Kolonialländern. Immerhin sind die Engländer fest davon überzeugt, dass Zuschauer in deutschen Comedy-Clubs singen, klatschen und mit den Füßen im Takt stampfen und dazu altertümliche Kostüme tragen. Wer, der einmal im Fasching das Öffentlich-Rechtliche Fernsehen eingeschaltet hat, will es ihnen verdenken?[4]

4 *Der Gerechtigkeit halber möchte ich hier sagen, dass es sehr wohl einige hervorragende deutsche Komiker gibt. Und dass es jede Menge Engländer gibt, die Bananenausrutsch-Cartoons und Pupskissen für das Lustigste halten, das die Menschheit je gesehen hat. Und man kann auch dankbar sein, wenn man als Deutscher nicht jede Zote versteht, die englische Urlaubsanimateure oder Stand-up-Comedians so von sich geben – vor allem, wenn es um die Deutschen und das Dritte Reich geht. So!*

Es gibt in England eine beachtlich große Zahl von Menschen, die komisch sind, ohne es zu beabsichtigen. Exzentriker nämlich. Nirgendwo gibt es so viele von ihnen wie auf der Insel. Was wenig verwunderlich ist in einem Land, in dem schon Ortschaften so bekloppte Namen tragen wie *Happy Bottom*, „Fröhlicher Hintern", und *Chipping-Something*, „Splitter-Irgendwas", oder ehrwürdige Richter lockige Wischmops auf den Kopf setzen. Um eins vorweg klarzustellen: Mit Exzentrikern sind nicht Leute gemeint, die eine Erdnuss mit der Nase durch London rollen, um ins Guiness Book of World Records zu kommen. Um ein waschechter Exzentriker zu sein, muss man sich vollkommen im Unklaren darüber sein, dass man irgendwie restlos durchgeknallt ist. Und um ein echter englischer Exzentriker zu sein, müssen sich auch noch alle anderen Leute um einen herum vollkommen im Unklaren darüber sein, dass man irgendwie restlos durchgeknallt ist. Oder wenigstens so tun. Unvergessen sind englische Adlige wie der Gutsherr Charles Waterton, der auf einem Krokodil auszureiten pflegte. Der Marquis von Bath, der Ölgemälde aller seiner 64 Gespielinnen anfertigen ließ. Der fünfte Herzog von Portland, der 15 Meilen Tunnel um sein Grundstück in Nottinghamshire herumbaute, damit er ungestört Spaziergänge machen konnte. Der Graf von Mar, der im *Who is who* „Tauben treten" als Hobby angab und 1975 tot unter seinem Londoner Balkon aufgefunden wurde, nachdem er beim Angriff auf eines der verhassten Schnabelviecher vermutlich das Gleichgewicht verloren hatte. Der Schriftsteller Oscar Wilde pflegte mit einem Hummer an der Leine durch die Straßen zu gehen.

Später wurde er wegen Sodomie eingebuchtet. Aber auch in der jüngeren Geschichte lassen sich allerorten merkwürdige Vögel finden. Zum Beispiel Brinsley Le Poer Trench, der Graf von Clancarty, der glaubte, dass er von Außerirdischen abstamme, und dem es gelang, im House of Lords eine UFO-Arbeitsgruppe zu gründen, bevor er 1995 starb – oder zum Mars zurückkehrte. Oder King Arthur Uther Pendragon, selbsternannter Monarch, der seit 22 Jahren mit Krone, Schwert und Kriegsrüstung durch die Lande zieht. Exzentrik ist aber nicht nur den Adligen vorbehalten. Man denke an Captain Beany from the Planet Beanus, einen arbeitslosen Superhelden um die fünfzig, der sich gerne als *baked bean*, als „gebackene Bohne", verkleidet und schon bei diversen Wahlen kandidiert hat. Oder den Künstler Paul Hurley, der über eine Woche in Frischhaltefolie eingewickelt in einem Schlammloch ausharrte, um das Gefühlsleben eines Regenwurms nachempfinden zu können. Ein Elektriker namens Andy Park aus Melksham im südenglischen Wiltshire wird *Mr. Christmas* genannt, weil er täglich (das Murmeltier lässt grüßen) Weihnachten mit allem Pipapo feiert: Zur Bescherung sechs *mincemeat pies,* ein Truthahnsandwich zum Frühstück, Truthahn zu Mittag und danach eine DVD mit der Weihnachtsrede der Queen. 4500 Truthähne, 90 000 *mincemeat pies*, 4500 Flaschen Champagner, 5000 Flaschen Wein und drei Dutzend Backöfen hat er auf diese Weise schon verbraten. Der Buchhändler Richard Booth erklärte das walisische Dorf Hay-on-Wye in Herefordshire ganz bescheiden zum unabhängigen Königreich, ließ sich zum König küren, ernannte sein Pferd zum Premierminister, Freunde

und Bekannte zu Ministern, verfasste eine eigene National-
hymne und gab eine Währung aus Reispapier heraus. Beson-
derer Beliebtheit erfreuen sich exzentrische Sportler wie
Eddie the Eagle, „Eddie der Adler", ein verblüffend leistungs-
schwacher Skispringer, der dank seiner starken Kurzsichtig-
keit und der permanent beschlagenen Brille bei allen internationalen Wettbewerben zuverlässig den letzten Platz
errang. Stets mit Reiterhose, Melone, Monokel und silber-
nem Spazierstock ausgerüstet erscheint der Boxer Chris
Eubanks, der sich die Hände mit Evian wäscht und in einem
riesigen LKW durch seine Heimatstadt Brighton fährt. Geradezu an der Tageordnung sind in England nerdige *plane-
spotters* („Flugzeugbeobachter"), *train-spotters* („Zugbeob-
achter") und − vermutlich die Unberührbaren unter all den
seltsamen *spotters* − *bus-spotters* („Busbeobachter"). Ein
Mann aus Bristol bekannte sich sogar dazu, ein *pylon-spotter*
(„Strommastenbeobachter") zu sein. Nirgendwo gibt es so
viele Leute, die sich nach Dienstschluss als Römer oder Ro-
bin Hoods verkleiden wie in England, wo laut Wissenschaft-
lern jeder 200te Einwohner auf irgendeine Art exzentrisch
ist. Im Vergleich dazu liegt der Schnitt in anderen Ländern
bei 1 Exzentriker auf 15 000 Einwohner. Es gibt sogar einen
kompletten exzentrischen Ort, wenn man das so sagen kann.
Argelton heißt er und liegt irgendwo in der Nähe von Lan-
cashire. Theoretisch jedenfalls, denn irgendwann fand ir-
gendjemand heraus, dass der Ort nur auf Google Maps existiert und sich an der ausgewiesenen Stelle in Wirklichkeit
nur Wiesen und Weiden befinden. Kaum war der Ort aufgrund dieser Entdeckung von der Löschung bedroht, bildete

sich eine *Help save Argleton* Gemeinschaft, die den Phantom-Ort noch heute aktiv und erfolgreich verteidigt.[5]

Sollte – wer weiß? – *His Royal Highness Prince Charles* in diesem Leben doch noch mal an die Macht kommen, wäre das die Krönung für das exzentrische England: Ein Staatsoberhaupt, das am liebsten ein Tampon wäre, mit Pflanzen spricht und nie ohne seine eigene Klobürste verreist! Dabei wird eins ganz klar: Nämlich, dass England im Grunde genommen eine einzige große Monty-Python-Parodie ist. Und dass Figuren wie Mr. Bean oder Basil aus Fawlty Towers ganz und gar nicht überzogen sind – sondern nur ganz stinknormale, ein bisschen exzentrische Engländer.

---

5 *Es soll übrigens auch Menschen geben, die überzeugt sind, dass eine deutsche Stadt namens Bielefeld existiert, obwohl natürlich jeder gesunde Menschenverstand dagegen spricht.*

Höflichkeit

Tausend Entschuldigungen, kein Grund zu klagen, Schlangen,
die aus einem einzigen Menschen bestehen und Gehwegtänze.

Wenn Sie jemandem in Deutschland auf den Fuß treten,
werden Sie sehr wahrscheinlich ein scharfes „Achtung!"
oder „Passen Sie doch auf!" zu hören kriegen. Nicht so im
Land der *gentlemen*. Da wird nämlich der Pechvogel sich bei
Ihnen entschuldigen, dass er und sein ungeschickter Fuß Ihnen im Weg waren: „Oh sorry, wie tollpatschig von mir. Haben Sie sich verletzt? Tut mir so leid!" Laut einer Untersuchung zum Thema Höflichkeit entschuldigt ein
durchschnittlicher Engländer sich auf die eine oder andere
Weise sechzig Mal am Tag. Macht ganze 1,9 Millionen Mal
im Leben. Ein Engländer entschuldigt sich, wenn er die
Frechheit besitzt, im Fachgeschäft eine mangelhafte Ware
zu reklamieren: „Verzeihung, dass ich Sie belästige, kann es
sein, dass dieser Fön, der mein Haus in Brand gesetzt hat,
womöglich nicht ganz einwandfrei funktioniert?" Er entschuldigt sich, wenn er die Impertinenz hat, im Restaurant
die Bedienung zu behelligen, die ihn seit einer halben Stunde
ignoriert: „Entschuldigung, ich möchte Sie nicht stören, aber
wäre es wohl unter Umständen machbar, dass ich die Speisekarte einsehen könnte?" Er entschuldigt sich, wenn er die
Dreistigkeit besitzt, mit dem Taxi nach Hause zu fahren:
„Pardon, ich fürchte, ich müsste zum Finsbury Park, aber
natürlich nur, wenn Sie meinetwegen keine Umwege auf sich

nehmen müssen?" Und er entschuldigt sich, wenn er die
Chuzpe hat, den Nachbarn um 5 Uhr nachts auf dessen oh-
renbetäubende Death-Metal-Beschallung aufmerksam zu
machen: „Es tut mir schrecklich leid, Sie damit belästigen zu
müssen, die Wände sind, fürchte ich, furchtbar dünn." Meine
Schwägerin entschuldigte sich während meines letzten Lon-
donbesuchs dafür, dass es während meines Aufenthalts ein
paar Mal geregnet hatte, dafür, dass ich nur fünf Tage Urlaub hatte und dafür, dass mein Rückflug Verspätung hatte.
Ich habe ihr, großmütig wie ich bin, natürlich alle drei Dinge
verziehen.

Übrigens wird der arme Engländer von vorhin – der, dem Sie
auf den Fuß getreten sind, Sie erinnern sich? – sich obendrein auch noch mal ausufernd bei Ihnen bedanken, wenn
Sie aufgehört haben, auf ihm herumzutreten. *Please* und
thanks sind nämlich zwei unverzichtbare Grundpfeiler englischer Höflichkeit. Wenn ein Engländer also nicht gerade
sorry sagt, dann nur, weil er gerade dabei ist, *thanks* zu sagen.
Busgäste bedanken sich nach der Fahrt beim Busfahrer. Studenten bedanken sich nach der Vorlesung beim Dozenten.
Arbeitgeber bedanken sich bei ihren Angestellten. Kassiere-
rinnen bedanken sich bei ihren Kunden. Und umgekehrt
natürlich. Schon der Kauf einer Tüte Milch kann in England zu einem wahren Bombardement gegenseitiger Bittes
und Dankes und sonstiger Nettigkeiten führen. Auch dann,
wenn den Engländern gar nicht nach Nettigkeiten zu Mute
ist. Im Gegensatz zu den Deutschen, die offiziell Weltmeister im lautstarken Beschweren sind, hassen Engländer es
nämlich, in der Öffentlichkeit viel Aufhebens (auf Englisch:

a fuss, a palaver, a kerfuffle oder *a to do*) um irgendwas zu machen. Bevor ein Engländer beispielsweise im Restaurant dem Kellner gegenüber ein Sterbenswörtchen darüber verlieren wird, dass der Kartoffelbrei ein Eisklumpen ist oder am Rindersteak noch Fellreste kleben, wird er erst eine zehnminütige (gezischelte) Diskussion mit seinem Essenspartner darüber führen, ob es wohl wahnsinnig unhöflich wäre, das zu tun. Und falls er sich am Ende tatsächlich dazu durchringt, etwas zu sagen, wird er es nur, wie bereits erwähnt, unter vielen Entschuldigungen tun, und dabei außerdem so dermaßen umständlich um den kalten Brei reden, dass weder der Kellner, noch der vom Kellner dazu geholte Koch, noch die mittlerweile aufmerksam gewordenen Gäste an den Nebentischen verstehen werden, was denn eigentlich das Problem ist.[6]

Zu welch irreführenden Verrenkungen englische Höflichkeit führt, erlebt man eindrucksvoll, wenn man geschäftlich mit Engländern zu tun hat. Wenn ihr Geschäftspartner Ihre Ideen *very interesting* findet, werden Sie sich als Deutscher womöglich freuen und sich ermuntert fühlen, noch weiter auszuholen. Dabei lässt seine Bemerkung sich eher dahingehend übersetzen, dass Sie diese Idee einfach direkt in die

---

6 *Wenn ein Engländer sich vor lauter Höflichkeitsfloskeln um Kopf und Kragen gefaselt hat und von seinem Gegenüber trotzdem (oder gerade deshalb) einfach nicht verstanden wurde, kann es übrigens durchaus mal passieren, dass er urplötzlich ohne jede Vorwarnung komplett ausrastet, you bloody fucking idiot! – Jawohl, auch das ist eine sehr interessante Facette englischer Überhöflichkeit!*

Tonne treten können. Will er Sie kritisieren, wird er das damit einläuten, dass er mehrfach beteuert, dass er Sie keineswegs kritisieren will. Will er kundtun, dass er das, was Sie
gerade erzählt haben, für erstunken und erlogen hält, wird er
das mit leicht hochgezogenen Augenbrauen und einem höflichen *Oh, is it?* – „Oh, ist es so?" kommentieren, was soviel
bedeutet wie „Nicht zu fassen, was Sie da verzapfen." Freund-
liche Formulierungen wie „Kann ich Sie mit … belästigen?"
oder „Macht es Ihnen furchtbar viel aus, wenn … ?" meinen
im Klartext: „Erledigen, aber zackig!" Das zuvorkommende
„Darf ich etwas vorschlagen?" ist gleichbedeutend mit:
„Mann, haben Sie das verbockt!" Die viel versprechende
Ankündigung „Ich werde Sie zurückrufen." können Sie in
99% aller Fälle ergänzen mit: „Aber bestimmt nicht in diesem Leben." Und wenn Sie als englischer Arbeitnehmer irgendwann den fatalen Satz „Wir müssen wirklich eine Lö-
sung finden!" hören, wird Ihnen ein freundlicher
Sicherheitsbeamter wahrscheinlich schon innerhalb der
nächsten halben Stunde einen Pappkarton mit Ihren Unter-
lagen und der Zimmerpflanze in die Hand drücken. „Danke
für Ihr Verständnis!" heißt dann „Auf Nimmerwiedersehen
Sie Arsch und ein schönes Leben noch!"
Viele Engländer würden lieber auf der Stelle vom Blitz er-
schlagen werden als das Wort „Nein" in den Mund zu nehmen. Grundsätzlich können Sie deshalb davon ausgehen,
dass alle Sätze, die mit „Tja …", „Na ja …", „Vielleicht …",
„Möglicherweise …", „Eventuell …", oder „Ja, aber…" beginnen, dann ein furchtbar umständliches, verschacheltes
und mit vielen Konjunktiven und relativierenden Ausdrü-

cken versehenes Wirrwarr zur Folge haben und dann womöglich noch mit einem Fragezeichen enden, eine knallharte Absage bedeuten. „Na ja, ich würde Sie sozusagen sicherlich niemals nicht sehen wollen, würde ich?" Zack!

Dies englische Um-drei-Ecken-reden und Alles-als-offene-Frage-formulieren ist eine harte Nuss für Deutsche, die sich furchtbar unehrlich und unauthentisch fühlen, wenn sie dem Gegenüber nicht immer und überall auf dem allerdirektesten Weg ihre Meinung geigen dürfen. Es ist aber, das werden Beziehungs-Psychologen bestätigen, eine vorzügliche Methode, offene Konflikte zu vermeiden. Selbst einem harmlosen „Schönes Wetter!" folgt in England stets die Nachfrage „Ist es nicht so?", was dem Gesprächspartner die Chance einräumt, zu widersprechen. Was dieser natürlich nur machen wird, wenn er Deutscher ist.[7]

Mein Bruder hatte mal einen *upper middle class*-Kollegen, welcher der felsenfesten Überzeugung war, dass Höflichkeit wichtiger ist als Ehrlichkeit und der nichts mehr hasste als Konfrontationen. Das hatte zur Folge, dass er sich immer wenn sich eine Diskussion mit einem sperrigen Subunternehmer anbahnte im Auto versteckte, weil ihm das alles so schrecklich peinlich war.

Understatement, auf Deutsch: „Tiefstapelei", heißt eine weitere typisch englische Methode, im Gespräch zu zeigen, dass man sich selbst und sein persönliches Pillepalle nicht so

---

7 *Diese Art von deutscher Direktheit finden Engländer sehr ungehörig (rude), bewundern sie aber gleichzeitig und wünschen sich insgeheim manchmal, sie könnten auch so direkt sein.*

wichtig nimmt. Als der britische General Thomas Brodie 1951 im Koreakrieg mit seiner überschaubaren 600-köpfigen Truppe von zehntausend Chinesen über den Haufen gerannt wurde, berichtete er seinem Chef, die Lage sei „etwas heikel". Der Antarktis-Forscher Captain Lawrence Oates trat 1912 den sicheren Weg in den Blizzard-Tod mit den Worten an: „Ich geh mal raus und werde vielleicht eine Weile weg sein." Der schwarze Ritter aus Monty Python's Ritter der Kokosnuss kommentiert seine abgehackten Arme wegwerfend mit „Nur eine Fleischwunde!" Fast schon wichtigtuerisch erscheint dagegen der Duke of Uxbridge, der während der Schlacht von Waterloo hinsichtlich seines durch einen Kanonenschuss abgetrennten Beins anmerkte: „Um Gottes Willen, Sir, ich habe mein Bein verloren." Ein „Ach, bloß ein Kratzer!" wäre dagegen sehr viel englischer gewesen!

Selbst ein ganz normaler Engländer wird nach einem Tag, an dem nach deutschem Dafürhalten einfach alles schief lief und – sagen wir mal – der Hund in die Hauspuschen gepinkelt hat, die Kinder aus der Schule geflogen sind, der Partner mit dem besten Freund durchgebrannt ist, der Chef einem gerade die Kündigungspapiere überreicht hat, das Haus bis auf die Grundmauern niedergebrannt und das Auto geklaut wurde, mit lässiger Miene sagen: *„Can't complain!"*, auf Deutsch: „Kein Grund zu klagen." Wenn er obendrein gerade die ärztliche Diagnose bekommen hat, dass er aufgrund einer Krebserkrankung nur noch 6 Wochen zu leben hat, wird er unter Umständen vielleicht noch ein *„considering"* dranhängen, also *„Can't complain ... considering"* Was soviel heißt wie „Nicht übel ... wenn man bedenkt."

Understatement ist in England genauso wichtig, wenn man Erfreuliches zu vermelden hat und schließlich, um Gottes Willen, auch darum kein großes Gewese macht! Auf die Frage, wie es geht, antwortet man als Engländer keinesfalls „Mir geht's super!" oder etwas ähnlich Prahlerisches und Vulgäres, sondern schlicht: *Not too bad* – „Nicht übel". Einen Millionengewinn im Lotto kommentieren Sie am besten mit folgendem Ausdruck, der quasi frenetische Begeisterung zum Ausdruck bringt: *Not bad at all!* – „Gar nicht übel!" Wenn Sie es dabei noch schaffen, dreinzuschauen wie sieben Tage Regenwetter und überhaupt alle Anzeichen einer klinischen Depression aufweisen, können Sie ohne Umschweife die englische – äh, britische Staatsbürgerschaft beantragen.

Natürlich wird ein wohlerzogener Engländer anderen gegenüber niemals einen auf dicke Hose machen, wenn es um seine eigene Leistung geht. Ganz egal, ob er barfuß den Mount Everest erklommen, das London Eye aus einem Streichholz geschnitzt oder ein Gemüse gegen den Welthunger gezüchtet hat – er wird die Chose garantiert mit einem beiläufigen „Ach, das ist gar nichts – nur ein kleines Hobby von mir" runterspielen. Selbst unter Freunden und Kollegen ist es Gang und Gäbe, sich gegenseitig auf Zwergformat zurechtzustutzen. So ist England wahrscheinlich das einzige Land der Welt, in dem Leute ihren besten Freund mit den Worten „Das ist mein Kumpel Barry, er ist ein ziemlicher Idiot" vorstellen. Und diesen dann mit den Worten *Hey, you wanker!* („Na, du Wichser!") begrüßen.

Unter ferner liefen oder nicht der Rede wert rangieren auch Leistungen berühmter Landsmänner. Ein waschechter Engländer wird niemals über David Beckham sagen, dass dieser ein Spitzenspieler sei oder ähnlich überzogenen Mumpitz behaupten, sondern höchstens einmal anmerken: „Er hat einige Spiele hinter sich." John Lennon behauptete seinerzeit von Ringo Starr, dieser sei „nicht mal der beste Schlagzeuger innerhalb der Beatles." Und als Colin Firth 2011 für den Oscar nominiert wurde, war sich die gesamte englische Presse einig, dass das nur in die Hose gehen kann. Als Firth dann doch den Oscar gewann, bedankte er sich postwendend bei seiner Filmcrew dafür, dass sie es ihm schwer gemacht hatte, „so schlecht zu sein, wie ich es eigentlich vorhatte." Wenn ein Engländer es trotz aller Widerstände zu echtem Ruhm bringt und diesen entgegen aller englischen Gepflogenheit tatsächlich genießen möchte – tja, dann kann man ihm nur raten, das Heimatland zu verlassen und irgendwohin zu ziehen, wo englische Stars wie Stars behandelt werden und nicht wie völlig überschätzte, eingebildete, aufgeblasene Wichtigtuer, die offenbar völlig den Boden unter den Füßen verloren haben.[8]

Völlig legitim ist es dagegen, davon zu erzählen, dass man selbst ganz kurz vom Ruhm gestreift wurde. Zum Beispiel indem man irgendwo durch einen wahnwitzigen Zufall in irgendeine *celebrity* reingeknallt ist. Oder ein Cousin eines Cousins eines Cousins des eigenen Schwippschwagers – wer

8 *Zum Beispiel nach Deutschland, wo man zwar traditionell deutsche Stars wie völlig überschätzte, eingebildete, aufgeblasene Wichtigtuer behandelt, die offenbar völlig den Boden unter den Füßen verloren haben, aber alles, was aus London kommt, vergöttert!*

hätte es gedacht! – mit einem der rangniedrigeren Royals über drei Ecken verwandt ist. Wichtig ist dabei, dass a) die Person wirklich nur ein entsetzlich unbedeutender oder peinlicher Z-Promi ist oder b) diese Beziehung zum Promi wirklich nur ganz, ganz entfernt ist. Denn alles andere wäre aus englischer Sicht schrecklich wichtigtuerisches *namedropping*.

Wo sonst außer im Land des Sich-selbst-Runtermachens könnte es passieren, dass ein Buch mit dem Titel *craptowns*, auf Deutsch: „Scheißorte", aufgelegt wird und der zweite Band direkt auf dem Fuße folgt, weil sich so viel Leute beschwert haben, dass ihr Wohnort es nicht in den ersten Band geschafft hat?

Sich selbst ganz hinten anzustellen ist nicht nur in sprachlicher Hinsicht eine große englische Leidenschaft. Ja, Sie ahnen es, wir kommen endlich zum berühmten englischen Schlangestehen. Es ist tatsächlich so: Kaum steht in England eine einzelne Person länger als ein paar Sekunden irgendwo in der Gegend herum, wird sich ganz automatisch eine weitere Person dahinter stellen und dahinter wieder eine weitere Person und so weiter und so fort. Auch da, wo sich Deutsche innerhalb kurzer Zeit zu lautstark protestierenden und marodierenden Massen zusammenschließen würden, also sagen wir mal, an einer regengepeitschten Bushaltestelle, einem defekten Geldautomaten oder einem verwaisten Kassenschalter, stehen Engländer geduldig ausharrend an, ohne mit der Wimper zu zucken. Wobei Anstehen nicht zwingend meint: in einer schnurgeraden Reihe anstehen. Wer sich an die weltberühmte Schlange Kaa aus dem Dschungelbuch erinnert, weiß, dass Schlangen sich ringeln, stauchen, zum Zickzack falten oder sich auch zum scheinbar völlig ungeordneten Knäuel zusammenlegen können. Wenn es drauf ankommt, ist aber ganz klar, welches Ende zuschnappt. Genauso ist es mit den Schlangen in England: Egal, wie sie aussehen: Vorne ist vorne, und hinten ist hinten.

Natürlich gibt es ab und zu einen Vordrängler – zum Beispiel einen dieser unhöflichen Ausländer aus dem Osten (= dem Kontinent) oder jemand, der die Schlange nicht wahrgenommen haben will, weil sie nur aus ein, zwei Menschen besteht. Über dessen Unverfrorenheit wird niemand auch nur ein Sterbenswörtchen verlieren. Allenfalls geht ein kollektives Lufteinsaugen durch die Reihe, das in diskretes Kopfschütteln, leises Seufzen oder Zungenschnalzen übergeht. Möglicherweise, wenn es hart auf hart kommt, wird einer der Wartenden in seinen Bart murmeln: „Also wirklich … manche Leute …" (Ja, jetzt haben die Schlangesteher es dem Übeltäter aber ordentlich gegeben! Bestimmt fühlt er sich hundeelend da vorne am Bankschalter, wo er als Erster bedient wird und sich jetzt zum Dank das gesamte Guthaben seines *account book*, seines Sparbuchs also, in bar zeigen lässt. Die Engländer wissen eben, wie man austeilt.)

Dass einer von den Wartenden so ausfällig wird wie deutsche Schlangesteher und mit schmalen Lippen Dinge sagt wie: „Entschuldigen Sie bitte, aber das hier ist eine Schlange!" oder „Alle anderen müssen hier schließlich auch anstehen!", kommt in England nur sehr, sehr selten vor. Schließlich will man sich ja nicht total daneben benehmen und die Verachtung aller auf sich ziehen! Das gilt selbst in der allerlängsten und allerwichtigsten Schlange, die man nicht nur in England sondern auch in Deutschland findet: Die *Must-Have-Schlange*, die sich immer dann bildet, wenn Joanne Rowlings neues Buch rauskommt, das neue iPhone im Apple Store ist oder H&M eine Designer-Kollektion rausbringt. Zu dieser Art Schlangen bringen versierte Schlangesteher am besten Klappstühle, Lesestoff und regenfeste Kleidung mit. Anlässlich der königlichen Hochzeit zwischen Prince William und Kate Middleton standen viele Engländer schon fünf Tage vorher mit Zelten, Thermoskannen, Picknickkörben und englischen Fahnen vor der Westminster Abbey an, um am Ehrentag auch ja einen guten Platz zu haben. Am fraglichen Tag kamen dann allerdings andere Neugierige – wahrscheinlich Deutsche –, die sich einfach vor die Zelte quetschten, um alles gut sehen zu können.

Eine menschliche Schlange heißt im Englischen übrigens nicht etwa *snake,* sondern *queue* – ausgesprochen: kjüh. Das ist insofern besonders hübsch, als bei diesem Wort vier Vokale, die sonst nicht viel miteinander zu schaffen haben, hinter dem q Schlange stehen müssen.

Eine weitere, sehr hübsche Form englischer Höflichkeit, die besonders häufig im Straßenverkehr zu beobachten ist, ist der britische Gehwegtanz – *pavement dance* –, der immer dann aufgeführt wird, wenn zwei Menschen sich auf einem Gehweg entgegenkommen und jeder von beiden versucht, den anderen durchzulassen – indem er mehrfach genau zu der Seite ausweicht, zu der auch das Gegenüber ausweicht. Solche Tänze können, untermalt von vielen *sorrys,* eine ganze Weile in Anspruch nehmen, bis es unweigerlich zu einem

Gehwegstau oder einem Zusammenprall kommt, was natürlich wieder eine Flut von *sorrys* nach sich zieht.

Selbstverständlich gibt es unzählige weitere Beispiele solcher gleichermaßen wunderbaren wie wundersamen englischen Höflichkeit. Was Sie sicher längst bemerkt haben ist, dass Höflichkeit das A und O des englischen Miteinanders ist. Sollten Sie also von Engländern hören, die sich sinnlos betrinken, zotige Witze reißen, Fans der gegnerischen Fußballmannschaft mit dem Baseballschläger eins überziehen oder Dinge wie *fucking cunt* oder *stupid wanker* brüllen, dann ist das zutiefst unenglisches Verhalten und liegt ausschließlich an ausländischem Einfluss – zum Beispiel an spanischem Bier!

Die Klassengesellschaft

Kinnlose Wunder, Blaublütige auf Traktoren, Crrrassongs in Pardonia und Eiszapfen am Plumpsklo.

Vor der industriellen Revolution gab es in England zwei Klassen, nämlich die *ruling class,* die den ganzen Tag an der Festtafel herumlümmelte, Fasanenbrüstchen knabberte und Rotwein becherte, und die *working class,* die den ganzen Tag auf dem Feld ackerte und Rüben erntete. Heute sind es in der Regel *upper class* und *middle class,* die arbeiten (oder zumindest irgendetwas Modernes am Computer machen) – während viele Vertreter der *working class* beim Arbeitsamt oder vor dem BBC-Nachmittagsprogramm herumlümmeln.

Es gibt einige Briten, die behaupten, es sei heute kein Unterschied, ob die Vorfahren dereinst mit den Normannen auf die Insel gekommen sind oder im Container. So etwas sagen natürlich nur Politiker oder Leute der oberen Klassen, und es ist genauso unsinnig, als würde man in Deutschland behaupten, es sei kein Unterschied ob ein Mercedes S-Klasse in der Garage steht oder ein Plastikdreirad.

Schauen wir sie uns mal näher an, die englische Klassengesellschaft – in der korrekten Reihenfolge, von oben nach unten: Zur *upper class* gehören die Leute, die seit Generationen entweder adelig oder reich sind – oder beides: sogenannte *toffs.* Ob der Name die kurze Form für *toffeenosed* („hochnäsig") ist oder von *tuft* (der goldenen Troddel, die adlige Oxford- und Cambridge Studenten früher trugen) abgeleitet

wurde, ist unklar. Klar ist: Viele *toffs* besitzen ganze Grafschaften mit Schlössern, Gartenteichen in der Größe des
Plöner Sees und Auffahrten, auf denen sie stundenlang mit
ihren Bentleys und Jaguars spazieren fahren können. Manche haben als Zweitwagen Geländelimousinen, sogenannte
Chelsea Tractors. Erstens, weil man darin so schön über allen
anderen Autos thront. Zweitens, weil darin Platz für die vier
Kinder und die drei Hunde ist. Drittens: Weil dann jeder
sehen kann, dass man sich vier Kinder und drei Hunde leisten kann. Und viertens, weil man ja schließlich irgendwie
jedes Wochenende die schlammigen Landstraßen von der
Londoner Hauptwohnung zu oben genanntem Wochenend-
Domizil passieren muss. Für all die *toffs*, die sich kein
Wochenendhäuschen leisten können und vor ihren Nachbarn nicht doof dastehen wollen, gibt es *Spray-on-mud*-
Schlamm zum Aufsprühen! Übrigens sind *toffs* in Wahrheit
gar nicht alle reich. Im Gegenteil. Man sieht sie oft schlot-
ternd und im mottendurchlöcherten Kaschmirpullover im
einzigen geheizten Raum ihres Schlösschens an Beuteltee
nippen und dazu Kekse von Tesco essen, um sich das teure
Schulgeld für die Kinder – die so klangvolle Namen tragen
wie Hugo Sebastian Fothergill, Arabella Fiona Claire,
Hubert Gwilym Boris oder Eugenie Camilla Primrose –
vom Munde abzusparen! Damit diese später auch vor dem
Kamin ihres Schlösschens an Beuteltee nippen, Kekse von
Tesco essen und Ausdrücke wie *splendid* („prächtig") und *de-
lightful* („entzückend") sagen können. Im *toff*-Akzent klingt
das übrigens eher wie *splndd* und *dltfl*, da *toffs* traditionell
alle Vokale auslassen – ganz so, als würden sie Telegramme

schreiben, die aus oben genannten Gründen nicht zu teuer werden sollen. Auf *toffish* klingt zum Beispiel *half past ten* („halb elf") wie *hpstn*. Und *handkerchief* („Taschentuch") wie *hnkrchf*. Überhaupt hört sich alles, was *toffs* sagen, an, als wäre der Mund nur stecknadelkopfgroß oder als würde das Kinn fehlen. *Chinless wonders*, auf Deutsch: „kinnlose Wunder", heißen *toffs* und auch Angehörige der *Royal Family* im englischen Volksmund. Dieser Begriff bezieht sich auf die ziemlich kinnlose Queen Victoria, die erstaunlicherweise sowohl die Ur-ur-Großmutter der amtierenden Königin Queen Elisabeth II. ist als auch die Ur-ur-Großmutter ihres Mannes Prince Philipp. Der Begriff *chinless wonder* ist somit eine sehr diskrete Anspielung darauf, dass alle Mitglieder der höheren Stände Queen Victoria irgendwie ähnlich sehen. Was wiederum eine sehr diskrete Anspielung darauf ist, dass diese höheren Stände sich offenbar seit Jahrhunderten ausschließlich untereinander fortgepflanzt haben.[9]

Trotz dieser kleinen Neurosen und Defekte sind *upper class toffs* an und für sich recht liebenswert und harmlos, das heißt: Wenn Sie in einer einsamen Straße auf eine *gang* von kinnlosen *toffs* treffen, müssen Sie also weder die Beine in die Hand nehmen noch ihr Handy verstecken. Nicken Sie einfach freundlich und sagen sie: „*Gntlmn, tsplsretmtye!*"[10]

---

[9] *An dieser Stelle möchte ich ganz besonders diskret andeuten, dass die Royal Family übrigens zur Hälfte von deutschem Adel abstammt. Ein Umstand, der in England nur äußerst, äußerst ungern erwähnt wird.*

[10] *Gentlemen, it's a pleasure to meet you!, auf Deutsch in etwa: „Meine Herren, es ist eine Freude, Sie kennengelernt zu haben!"*

Eine Stufe tiefer auf der Klassenleiter steht die *middle class*, die man daran erkennt, dass sie versucht, sich möglichst *upper class* zu verhalten. Oder, um es mit einem typischen *middle class*-Begriff zu sagen: *posh*. Das heißt soviel wie nobel oder vornehm. Als *posh* gilt es zum Beispiel, Wörter wie *croissant* mit französischem *r* auszusprechen: *crrrassong*. Oder statt *Munich Munken* zu sagen. Das führt naturgemäß nirgendwohin, schon gar nicht nach München. Eine echte *middle class*-Marotte ist auch, bei jeder Gelegenheit spitzlippig *pardon* zu sagen. Was dazu führte, dass *middle class*-Orte bei der *upper class* − die statt *pardon* selbstverständlich *sorry* oder *sorry, what?* sagt − mittlerweile den Kosenamen *Pardonia* tragen. Weitere *middle class*-Worte sind *toilet, serviette* und *settee* sowie *living room;* ganz egal, wie näselnd man sie ausspricht verraten sie sofort, dass man ganz und gar nicht adlig ist, sondern vollkommen *common* − stinknormal also. Und das ist nun wirklich das Schlimmste, was man einem *middle class*-Engländer an den Kopf werfen kann. Was man allerdings nur täte, wenn man selbst *common* wäre. In den späten 50ern gab es Kurse, in denen furchterregende Frauen in Strick-Twinsets *middle class*-Leuten einhämmerten, wie man *not common* spricht, *not common* isst, sich *not common* kleidet und *not common* aus dem Auto aussteigt. Was hat's gebracht? *Nothing − pardon: nthng*! Also versuchen *middle class*-Leute heute ihre Kinder (Katie und Duncan) mit Tennis, Ballett und Geigenunterricht aufzupäppeln, damit wenigstens sie irgendwann in die *upper class* aufsteigen. Was − man ahnt es − ein ebenso fruchtloses Unterfangen ist. Es sei denn, man schafft es wie Diana Spencer oder Kate Middleton, einen

Royal zu heiraten. (Aber dann muss man zur Strafe jedes zweite Wochenende mit Gummistiefeln im englischen Hochmoor rumstapfen und sich von den Corgi-Hunden der Queen abschlecken lassen. Auch doof.) Da nach oben hin also nichts geht, treten viele *middle class*-Vertreter sozusagen einen Rückzug nach vorne an, in dem sie einfach so tun, als seien sie schon aufgestiegen – von der *working class* zur *middle class* nämlich. Sie streuen *cockney*-Begriffe wie *mate* und *innit* ein, erzählen bei jeder Gelegenheit davon, wie sie praktisch im Pappkarton aufgewachsen sind und im Winter die Eiszapfen am Plumpsklo weghacken mussten, weil der Vater auf Schicht war (als Lehrer, hihi!). Schon ist ihnen die Bewunderung aller gewiss. Was für ein geschickter Schachzug!
Wer wirklich zur *working class* gehört, ist heute übrigens gar nicht mehr so einfach zu sagen. Früher waren das Fabrikarbeiter, Maurer, Schreiner oder Gärtner – alle also, die einen Blaumann *(blue collar suit)* trugen, Dreck unter den Fingernägeln hatten und nach Stunden entlohnt wurden. *Blue collar class* nannte man die *working class* früher dementsprechend – im Gegensatz zu der *white collar class*, die in gestärktem weißem Hemd und Anzug im Büro saß und sich einen faulen Lenz machte.
Heute verdient manch ein Klempner an einem Tag mehr als mittelständische Manager in einer Woche. Und seit alle Leute in den Medien arbeiten ist ohnehin alles ein einziges Drunter und Drüber *(higgledy-piggledy)*. Überhaupt gibt es die *working class* in dem Sinn ja gar nicht mehr, jedenfalls wenn man die *middle class* fragt, die diverse Begriffe kennt, um den scheußlichen Ausdruck *working class* zu umschiffen:

Niedriglohnbezieher, unterprivilegierte Mitbürger, bildungsferne Gruppe … Solche Wortverschönerungen kennt man ja in Deutschland auch. Die ändern jedoch nichts an der Tatsache, dass Sue und Jack (aus der Klasse, deren Name nicht genannt werden darf) grundsätzlich künstliche Blumen auf dem Kaminsims, PVC-Boden mit Terrakotta-Muster, unironisch gemeinte Gartenzwerge und zwei Kinder namens Sharon und Kevin haben.

Die gesellschaftliche Klasse wechseln zu wollen, ist in England wahrscheinlich mindestens ebenso aussichtslos wie im indischen Kastensystem – und ohnehin müßig. Denn egal, wo man sich auf der englischen Klassenleiter befindet, es gibt immer jemanden, der einen von oben herab verspottet.

Ein bisschen wie die Klassengesellschaft funktioniert auch die Leidenschaft der Engländer, sich in obskuren Clubs zusammenzurotten, für deren Mitgliedschaft man Unsummen jährlicher Beiträge zahlen muss. So gibt es beispielsweise die *British Button Society*, die „Britische Knopf-Gesellschaft", die Knopfliebhabern hilft, Knöpfe zu identifizieren, die *Cloud Appreciation Society*, die sich die Wertschätzung von Wolken zur Aufgaben gemacht hat und einen Club namens *Sublime Society of Beefsteak*, „Vortreffliche Beefsteak-Gesellschaft", der so elitär ist, dass sogar der Prince of Wales den Tod eines Mitglieds abwarten musste, um aufgenommen zu werden. In diesem Club trifft man sich, um vortreffliches Steak zu essen, darüber zu reden, wie vortrefflich Steak ist, Lieder wie den *Steak Song* zu singen und eine komische Uniform mit einem Abzeichen zu tragen, auf dem *Beef and Liberty*, „Rindfleisch und Freiheit", steht. Engländer. Tss.

Mode made in England

Halbnackte im Schnee, Männer in Perücken, Kinder in
Krawatten und keine Zahnspange weit und breit.

Die Vorstellung, dass alle Engländer mit *bowler hats* und Regenschirmen oder Tweedjacketts, Schnauzer und Pfeife im Mund herumspazieren,[11] ist natürlich genauso veraltet wie die in England weit verbreitete Annahme, alle Deutschen würden Lederhosen und Dirndl tragen. Dank der großen internationalen Bekleidungswarenketten kleiden sich die meisten Engländer mittlerweile genauso wie Deutsche. Mit einem Unterschied: Sie haben viel weniger an. Nackte Arme, die aus kurzen T-Shirts ragen, und nackte Beine, die in Flipflops stecken, gehören sommers wie winters zum Straßenbild – ganz egal, ob es draußen schüttet, hagelt oder schneit. Wieso die Engländer so hart im Nehmen sind? Manche begründen es damit, dass sie von Kindesbeinen an daran gewöhnt sind, in ungeheizten, klammen Räumen zu leben und auch im bittersten Winter in Schuluniform ohne Mantel herumzulaufen. Weshalb sie als Erwachsene gar nicht mehr merken, dass es kalt ist.

---

11 *Wenn Sie tatsächlich einen älteren, tadellos mit Tweedjackett, Cordhosen und handgenähten Schuhen gekleideten Mann sehen, der etwas verloren in der Gegend herumsteht, handelt es sich wahrscheinlich um den Prince of Wales.*

Eine weitere Theorie besagt, dass sich Zweiunddreißig Grad
Fahrenheit einfach wärmer anhören als Null Grad Celsius.
Andere meinen, der Alkohol wärme von innen. Was immer
es mit diesen Erklärungen auf sich hat, Tatsache ist, dass jeden Winter Hunderttausende Engländer mit blau gefrorener
Haut, steifen Gliedern und einer Körpertemperatur um die
34° ins Krankenhaus eingeliefert werden, weil es ihnen gar
nicht klar war, dass es draußen „ein wenig frisch" ist. Weib-
liche Teenager tappen selbst bei Schnee barfuß und im
Minirock von der Kneipe nach Hause. Unter englischen
Postboten gibt es einen Wer-trägt-am-längsten-im-Jahr-
kurze-Hosen-Wettbewerb. Der frühere englische Fußball-
Nationaltrainer Steve McClaren wird noch heute als Gene
Kelly oder *Wally with the Brolly* (in etwa: „Hirni mit dem
Schirmi") verspottet, weil er dereinst gewagt hat, bei einem
von sintflutartigen Regengüssen gepeitschten Endspiel einen
Regenschirm aufzuspannen. Statt wie seine Spieler klatsch-
nass zu werden. Von hartgesottenen Schwimmern, die sich
bei jedem Wetter zur Kanalüberquerung treffen, hört man ja
des Öfteren. (Immerhin schmieren die sich vorher mit Gän-
sefett ein!) Vergleichbar unverfroren sind in Deutschland
allenfalls die Bewohner Hamburgs, die ja bekanntermaßen
beim ersten Sonnenstrahl im Februar sofort das Verdeck ihres Cabrios aufreißen. Fest steht: Wenn Sie in England möglichst englisch aussehen wollen, reicht es, wenn Sie sich aus-
rüsten wie für eine ganz normale Karibikreise – und im
Vorfeld Ihren Nieren- und Blasen-Spezialisten konsultieren.
Tatsächlich gibt es auch eine Gruppe von Engländern, die
weitaus mehr anhat als ihre deutschen Kollegen: Englische

Richter tragen, wie wir aus Historienfilmen wissen, Löckchen-Perücken aus Rosshaar, die etwa 1000 Pfund kosten, in etwa genauso viel wiegen und wahrscheinlich wahnsinnig jucken. Dafür gibt es mehrere Gründe. Zum einen wollen sie mit ihrem Kopfputz klarmachen: Hier spricht keine Privatperson, sondern ein respektables Instrument (wiewohl ein sehr lustig aussehendes, respektables Instrument) des Staates. Zum zweiten wahrt die Perücke die Anonymität des Richters und schützt ihn also vor möglichen Rachefeldzügen der von ihm verurteilten Straftäter. Klammer auf: Comicfreunde wissen, dass das exakt die Gründe sind, weshalb Batman ausschließlich in Maske und Umhang herumfliegt: „Um Furcht in den Herzen aller Übeltäter zu entzünden und die geheime Identität zu verbergen." Klammer zu. Ob das mit dem Respekt und der Furcht angesichts dieser pudelartigen Gerichtssaal-Zweithaarfrisuren wirklich funktioniert, sei dahin gestellt. Dennoch schlugen die englischen Richter Alarm, als im Jahr 2001 ein Angehöriger der britischen Regierung die Abschaffung der Perücken forderte. Sie gaben Dutzende von Studien zu dem haarigen Thema in Auftrag und kamen nach jahrelangen Beratungen zu dem Kompromiss, dass Zivilprozesse künftig in Straßenkleidung, Strafprozesse aber weiterhin in vollem Ornat, sprich: Perücke, Talar, Strumpfhosen und Schnallenschuhe, abgewickelt werden sollen.

Ein englisches Ornat, das mindestens genauso furchteinflößend ist, ist der *Essex girl look:* weiße Stiletto-Pumps – weiße Handtasche – neonfarbener Rock, der höchstens Gürtelbreite hat – pinkfarbenes Oberteil, das höchstens Bauchnabellänge hat – zentimeterdick aufgetragener Eyeliner – Sonnenbankbräune – lange Fingernägel und der sogenannte *Croydn face lift*: zum fettigen Pferdeschwanz zurückgeschabte, blondierte Haare mit dunklem Ansatz. Zu diesem Outfit gehören, falls das *Essex girl* älter als 15 ist, ein Kinderwagen, eine Fluppe *(fag)* im Mundwinkel und ein männlicher Begleiter *(chav)* mit rasierter Glatze, Bierflasche und Sportdress. Womit es ziemlich genau dem Outfit entspricht, das man in Deutschland unter veritablen Vollprolls findet.

Für deutsche Augen ungewohnt ist der Umstand, dass in England ausgesprochen viele Menschen in Schlips und Kragen herumlaufen – nicht nur Erwachsene, sondern auch Kinder. In England sind nämlich Schuluniformen vorgeschrieben, und diese unterliegen strengen Regeln. So müssen die Röcke der Mädchen eine angemessene Länge *(an appropriate length)* haben, das heißt, sie dürfen keinesfalls kurz genug sein, um gut auszusehen und keinesfalls lang genug, um die nackten Beine im Winter zu wärmen (Sie wissen schon: Abhärtung!). Die Jungen müssen das ganze Jahr lange, schwitzige, kratzende Hosen tragen, auch im Hochsommer. Als Deutscher werden Sie das fürchterlich un-individuell finden. Ich erinnere mich aber, dass ich sehr stolz war, als ich mit fünf Jahren endlich die herbeigesehnte Uniform tragen durfte.[12] Und auch im heutigen England ist man weit davon entfernt, die Uniformen zu verdammen. Im Ge-

---

12 Und mit dem ganzen, großen, schrecklichen „Ich-habe-nichtsanzuziehen"-Problem erst konfrontiert wurde, als ich mit meiner Familie nach Deutschland zog.

genteil: An einer einst krawattenlosen Primarschule in Essex forderten sogar die Schüler selbst vor ein paar Jahren Krawattenpflicht!

Ein bisschen schwieriger wird die Sache mit der Uniform freilich, wenn man als Mädchen mit zwölf, dreizehn nicht mehr nur seine Mama *(Mummy)*, seine Oma *(Granny)* und sein Pflegepony *(Twinkles)* beeindrucken will und dabei merkt, dass Jungs es viel cooler finden, wenn der Rock nicht 10 Zentimeter unter, sondern 10 Zentimeter über dem Knie aufhört. Und vice versa als Junge feststellt, dass Mädchen es viel cooler finden, wenn das Hemd über der Hose hängt und die Krawatte so kurz und achtlos gebunden ist wie die von Pete Doherty. Um das Elend kurz zu machen: An dem Tag, an dem man es mit viel Handarbeit geschafft hat, die Uniform so umzuarbeiten, dass man darin gut aussieht, läuft man garantiert dem korinthenkackerigsten Lehrer *(nitpicker)* der ganzen Schule in die Arme. Ergebnis: Man wird stehenden Fußes nach Hause geschickt, muss nachsitzen oder – die Höchststrafe! – zur Ersatz-Uniform-Kiste dackeln, wo man bestenfalls eine viel zu große Uniform mit Speckflecken findet, die vom Schulsport-Tag übrig geblieben ist und die man dann einen ganzen Schultag lang tragen muss. Um die Uniformen genau bis zu dem Grad abzuwandeln, dass es zwar den anderen Schülern auffällt, den Lehrern aber nicht, bedarf es großer Kreativität und es ist mittlerweile fast eine Art Sport, rauszufinden, womit man durchkommt und womit nicht. Die letzten zwei Jahre vor dem Abitur muss man übrigens keine Uniform mehr tragen, sondern darf im sogenannten *mufti* zur Schule. Auf Deutsch: „in Zivil".

Immer extrem *mufti* läuft eine andere Bevölkerungsgruppe herum. Genau genommen so *mufti*, dass man ihnen ein paar Münzen und eine warme Mahlzeit in die Hand drücken möchte. Zu Unrecht. Wenn Sie einen ungekämmten Engländer in mottendurchlöchertem Pullover, zerfledderten Hosen, speckigem Hut, von Wollmäusen übersätem Schal und abgetretenen Schuhen aus dem letzten Jahrhundert sehen, handelt es sich mit hoher Wahrscheinlichkeit um ein Mitglied der *upper class*, die mit Mode einfach nichts am Hut hat. Das tut ihrem Ansehen übrigens keinerlei Abbruch. Im Gegenteil: Man versteht es einfach als ein Beispiel für die typisch englische, liebenswerte Exzentrik.

Eine weitere englische Besonderheit in Sachen Kleidung leitet sich ab von den sogenannten *Christmas Pantomimes*, „Weihnachtspantomimen". Diese haben nichts mit Weihnachtsmännern in Gymnastikanzügen zu tun, die unsichtbare Weihnachtsbäume aufstellen, sondern zeichnen sich dadurch aus, dass die männlichen Darsteller Frauenkleider tragen und die weiblichen Darsteller Männerkleidung und sich alle verbal mit schlüpfrigen Doppeldeutigkeiten bewerfen. *Cross-dressing* nennt man in England diese Form der Bekleidung, bei der man sich die Garderobe des anderen Geschlechts ausborgt. Das hat in England vor allem bei Männern Tradition – nicht nur in Comedy-Shows wie Monty Python oder Little Britain, sondern auch im Alltag. Im Gegensatz zu deutschen Männern, die allenfalls an Fasching, bei Aufführungen der Rocky Horror Picture Show oder heimlich vor dem heimischen Schlafzimmerspiegel Frauenklamotten anziehen, frönen Engländer der *cross-dres-*

sing-Leidenschaft bei jeder sich bietenden Gelegenheit. Wie der englische Freund einer Kollegin, der zum Oktoberfest nach Deutschland gekommen war, bei C&A fröhlich ein Dirndl nach dem anderen über seinen 1,90 m großen, stämmigen und stark behaarten Körper streifte und damit bei den Verkäuferinnen für heillose Verlegenheit sorgte. Wie diverse Pressefotos belegen, ist es selbst bei englischen Politikern gar nicht so unüblich, Damenstrapse zu tragen.

Vor zehn Jahren gab es in England eine sehr erfolgreiche TV-Sendung namens *„What not to wear"* – in etwa: „Was man nicht anziehen sollte". Nach Meinung ihrer Freunde, Verwandten oder Bekannten besonders furchtbar gekleidete Engländer[13] wurden zwei Wochen lang heimlich gefilmt und dann – tadah! – von zwei Moderatorinnen mit den schaurigen Aufnahmen konfrontiert. Noch schreckensstarr, wurden sie vor laufender Kamera von Kopf bis Fuß umgestylt, umfrisiert und aufgebrezelt. Die TV-Show lief in drei Staffeln. Zu wenig, möchte man ausrufen, wenn man sieht, wie ein Großteil der Engländer sich kleidet – andererseits sollte man sich als Deutscher mit Kritik bedeckt halten, angesichts der Tatsache, dass man einem Volk angehört, das Dreiviertelhosen, bestickte Polohemden und Windjacken von Tchibo trägt – Kleidungsstücke, in denen kein normaler Engländer sich tot blicken lassen würde.

Hier ein paar der wichtigsten Kleidungsstücke, die Ihnen in England an Mann oder Frau über den Weg laufen könnten:

---

13 *Wobei englische und deutsche Vorstellungen von „furchtbar angezogen" sich erstaunlicherweise weniger unterscheiden, als man meinen könnte.*

anorak: Eine äußerst un-hippe, wasserdichte Jacke mit Reißverschluss, die allenfalls von Rentnern oder Vogelkundlern getragen wird. Und auch von Kindergartenkindern, wobei dann noch aus den Ärmeln die von Mama mit einer Häkelschnur befestigten Handschuhe hängen.

balaclava: „Sturmhaube". Die wollene Kopfbedeckung mit Löchern für Augen und Mund trugen Engländer schon im Krimkrieg. Sie ist nicht besonders sexy für ein erstes Date, aber ziemlich praktisch bei kaltem Wetter oder einem Überfall. Ronnie Biggs, der berühmte britische Räuber, der 1963 den königlichen Postzug von Glasgow nach London überfiel, trug zum Beispiel eine *balaclava.*

Barbour: Die britische Jacke überhaupt, die sowohl von den Royals als auch von allen englischen Promis getragen wird. Ach ja, und von den Einwohnern Hamburgs natürlich.

boob tube: Ein elastisches 80er-Jahre Oberteil, das gerade die *boobs,* auf Deutsch: „Brüste", bedeckt, und in dem selbst perfekt gebaute Engländerinnen aussehen wie eine Presswurst.

brace: Zahnspange. Ein Accessoire, das Sie in England selten zu Gesicht bekommen werden. Vielleicht, weil Zahnspangen beim Küssen oder beim Rauchen stören. Deshalb werden Sie in England auch selten gerade Zähne zu sehen bekommen. Achtung: Auch Hosenträger heißen *braces.* Und ein *bracelet* ist ein Armreif.

cardie: Eine beliebte Abkürzung für *cardigan,* Strickjacke. Zumindest unter Leuten, die *cardies* tragen (siehe oben bei *anorak:* Rentner, Vogelbeobachter, Kinder).

DJ: Abkürzung für *dinner jacket.* Heißt also: Zum Dinner sollen Sie sich keinen Disc Jockey überwerfen, sondern einen

Smoking. (Auch wenn auf dem Schild im Dinnerraum möglicherweise wiederum steht *Thank you for not Smoking!*)

dressing gown: Die Art seidig fallender Morgenmantel, die
hübsche junge Frauen in Werbespots tragen. Und Elton
John. Die Sorte zauselige Frotteedinger, die Udo Jürgens auf
seinen Konzerten trägt und die meist als feuchte Knäuel auf
dem Boden rumliegen, heißen *bathrobe*.

jersey: So heißt in England ein Pullover. Man kann ihn auch
jumper nennen. Oder *sweater*. Oder, ganz verrückt: *pullover*.

knickers: So nennt man Frauen-Schlüpfer, wenn keine Frauen
anwesend sind. Oder *Alan Whickers*. Ansonsten heißen sie
briefs oder *panties*. *Pants* ist das männliche Pendant. *Undies*,
die Kurzform für *underwear* meint einfach nur Unterwäsche,
egal ob Männlein oder Weiblein.

Mac: Abkürzung für *Macintosh*. Ein Regenmantel, der von
einem gewissen Mr. Macintosh erfunden wurde und heutzutage vor allem im Zusammenhang mit schmutzigen alten
Männern Erwähnung findet.

muffler: Ein großer, meist ziemlich flusiger Schal, der – wie
es der Name nahelegt – leicht muffig riecht. Besonders unangenehm, wenn er einer fremden Person gehört und man
beim *tube*- oder Busfahren aufgrund von Platzmangel mit
der Nase reingedrückt wird.

shell suit: Die Sorte Trainingsanzug aus sich beißenden
Schockfarben und glänzendem Material, die zeigt, dass man
in einer Sozialwohnung *(council flat)* wohnt und Arbeitslo-
sengeld bezieht.

tartan: Das Karomuster, das die Schotten bei ihren Kilts ver-
wenden.

tights: Strumpfhosen. Da Schulkinder selbst im Winter keine Strumpfhosen tragen dürfen und erwachsene Engländerinnen wiederum aus Sexyness-Gründen selten Strumpfhosen tragen, ist es ein Wunder, dass es überhaupt so etwas gibt wie eine englische Strumpfhosenindustrie.

trousers: Hosen. Machen Sie nicht den Fehler, bei Regenwetter zu sagen, Ihre *pants* („Schlüpfer"), seien feucht geworden, wenn Sie kein sehr anzügliches oder verlegenes Gelächter ernten wollen.

Wellies: Abkürzung für *Wellington Boots*, auf Deutsch: „Gummistiefel". Ein in England nahezu unverzichtbares Kleidungsstück, das nach dem Herzog von Wellington benannt wurde.

Noch ein kleiner Hinweis zum Schluss dieses Kapitels: Sollte man Ihnen ein Kompliment machen für irgendein Kleidungsstück, das Sie tragen, sollten Sie unbedingt 1) sofort eine abwertende Bemerkung über das betreffende Kleidungsstück machen, 2) betonen, dass es Ihnen sowieso gar nicht steht, 3) sagen, dass Ihr Gegenüber bestimmt viel besser darin aussähe und 4) behaupten, dass Sie das Kleidungsstück im *sale,* im „Ausverkauf", gekauft haben – ganz egal, ob das voll gelogen ist oder nicht!

Heim und Garten

*Pfeifende Fenster, verschollene Steckdosen,
Toiletten mit Teppich, abgefräste Zehenkuppen
und ein hübscher Zaun drumherum.*

Die Wahrscheinlichkeit, dass Sie als Deutscher bei einem
Engländer eingeladen werden, ist verschwindend gering.
Das liegt nicht daran, dass diese Deutsche nicht gerne zu
Besuch haben[14], sondern daran, dass ihnen ihr Privatleben
heilig ist. Engländer, das muss man nämlich wissen, schätzen es ganz generell nicht besonders, wenn fremde Leute in
ihrem Haus herum schlurfen, auf ihrem Sofa rumlümmeln,
zwischen ihren Begonien herumtrampeln, eventuell gar
beim Gang aufs Gästeklo im Medizinschränkchen herum-
schnüffeln, und man sie am Ende − Gott bewahre! − vielleicht gar nicht mehr loswird, wenn längst Bettgehzeit ist.
Um diesem Elend von vorneherein zu entgehen, treffen Engländer sich lieber gleich im Restaurant, im Pub, im Kino
oder, wenn es sein muss, auch irgendwo in einer gottver-
dammten, verregneten, abgerockten Fußgängerzone. Hauptsache, man kann jederzeit *cheers*, „Tschüssi", sagen und die
Biege machen. Hauptsache nicht zu Hause.

---

14 *Na gut, es liegt auch daran, dass sie Deutsche nicht gerne zu Besuch
haben, weil Engländer Deutsche insgesamt nicht so gerne haben, aber das ist
ein anderes Kapitel.*

Nehmen wir trotzdem mal den rein hypothetischen Fall, Sie wären bei einem Engländer zu Hause eingeladen. Sie haben seine Adresse, sagen wir *Chestnut Grove 42*, und schauen auf den Stadtplan. Damit geht das Übel los. Was Sie nämlich als Erstes feststellen werden, ist, dass es in der Gegend, in der besagte Straße sein soll, von *Chestnut*-Irgendwas nur so wimmelt, und diese *Chestnuts* zudem an jeder Biegung ineinander übergehen: *Chestnut Street, Chestnut Road, Chestnut Place, Chestnut Mews, Chestnut Crescent, Chestnut Avenue, Chestnut Rise, Chestnut Lane, Chestnut Way, Chestnut Grove, Chestnut Park, Chestnut Gardens, Chestnut Alley, Chestnut Arch, Chestnut Path, Chestnut Walk, Chestnut Roadway, Chestnut Promenade, Chestnut Gate, Chestnut Terrace, Chestnut Vale, Chestnut View, Chestnut Hill* und so weiter und so fort. Es gibt rund einhundert Synonyme für „Straße", und wenn es nur irgend möglich ist, versuchen die Engländer sie alle auf einer Fläche von einem Quadratkilometer unterzubringen – alle mit demselben vorangestellten Namen, in diesem Fall *Chestnut*. Das wäre kein Problem, wären die Straßen so schön nach Planquadraten aufgereiht wie in Mannheim. Sind sie aber nicht, sondern meistens ineinander verknäult wie ein Haufen Spaghetti. Na gut, denken Sie mit deutschem Pragmatismus, fahren wir erstmal hin, dann sehen wir weiter – wozu gibt es Straßenschilder? Gute Frage. Englische Straßenschilder sind nämlich, obgleich an und für sich riesengroß und mit gut leserlicher Schrift versehen, traditionell so geschickt hinter Kletterpflanzen, Mauervorsprüngen oder im Schatten versteckt, dass man sie keinesfalls von der Straße oder dem Fußgängerweg aus sehen kann.

Haben Sie dennoch allen Widrigkeiten zum Trotz die richtige Straße gefunden, können Sie gleich weitersuchen. Haus-
nummern nämlich. Die wechseln sich in Deutschland für
gewöhnlich im Zickzackmuster mit den Häusern auf der anderen Straßenseite ab, sodass die geraden Zahlen auf einer
Straßenseite und die ungeraden Zahlen auf der anderen
Straßenseite in auf- oder absteigender Reihe zu finden sind.
In England kennt man dieses System zwar auch, verwendet
aber genauso gern ein anderes, bei dem die Zahlen an nur
einer Straßenseite hoch laufen, dann an einer x-beliebigen
Stelle unvermittelt die Straßenseite wechseln und auf der anderen Straßenseite in die andere Richtung weiter laufen.
Oder in einer versteckten Seitenstraße weiter gehen. Oder
ganz einfach aufhören. Manchmal fehlen einfach ein, zwei
Nummern in einer ansonsten völlig normalen Zahlenreihe.
Dafür teilen sich andernorts mehrere Häuser ein und dieselbe Nummer. Dazwischen stehen zur Auflockerung ein
paar Häuser, die grundsätzlich keine Nummer haben, dafür
aber schöne Namen tragen wie *Rose Cottage, Corner Place*
oder *Seaview* („Rosenhäuschen", „Eckplatz", „Meeresblick"),
was besonders hilfreich ist, wenn weit und breit weder Rosen
noch Ecken noch das Meer zu sehen sind. Wie viele Menschen wohl in England für immer verloren gehen, nur weil
sie mal eben einen Bekannten zu *tea and fruit cake* besuchen
wollten? Geben Sie nicht auf! Wenn Sie endlich die richtige
Hausnummer sehen, haben Sie es geschafft. Theoretisch jedenfalls. Denn anders als in Deutschland, wo an vielen
Haustüren praktischerweise weithin sichtbare Namensschil-
der aus Salzteig angebracht sind, findet man an vielen engli-

schen Haustüren: *nothing*. Macht nichts, klingeln kann man ja trotzdem. Also, könnte man zumindest, wenn da denn eine Klingel wäre …

Haben Sie nun – auf welche Weise auch immer – endlich Einlass gefunden und die vorgeschriebenen fünf Minuten mit Ihrem Gastgeber im engen Flur gestanden und über das wunderbare Wetter salbadert, wird man Sie wahrscheinlich – das ist eine alte englische Sitte – zur Hausbesichtigung einladen. Das geht in der Regel zackig, falls Ihr Gastgeber nicht der Earl of Kent oder Robbie Williams ist. Engländer haben nämlich die kleinsten Häuser in ganz Europa: Durchschnittlich niedliche 76 Quadratmeter messen sie – in London können Sie die Zahl gleich noch mal durch vier teilen. Die meisten Häuser sind nach dem Prinzip *Two up, two down* aufgeteilt, was so viel heißt wie „zwei Zimmer oben, zwei Zimmer unten." Anfühlen tut es sich allerdings eher wie zehn halbe Zimmer oben, zehn halbe Zimmer unten. Denn englische Architekten haben eine ausgeprägte Leidenschaft dafür, selbst kleinste Räume mit Vorräumen, Dielen, Gängen, Nischen, Kammern und Durchgängen zuzubauen, die ihrerseits alle noch mal mit Türen versehen sind. Keine Sorge: Wenn Sie ganz dicht an Ihrem Gastgeber dranbleiben, können Sie sich gar nicht verlaufen.

Sie werden sicher sehr bald feststellen, dass es trotz all der verschachtelten Räumchen überall zieht wie Hechtsuppe.

Das liegt nicht etwa daran, dass Ihr Gastgeber vor Ihrem Besuch alle Fenster aufgerissen hätte, um die schlechte Luft rauszulassen – diese seltsame Lüftungsmanie haben nur Deutsche – sondern daran, dass arktische Winde in England

ungehindert durch alle Fenster,- Tür-, Wand- und Dachrit-
zen pfeifen. Und durch die Fensterscheiben natürlich, weil
diese in der Regel nicht doppelt, sondern einfach verglast
sind.[15] Da retten auch die fipsigen Gardinen vor den Fenstern nichts mehr, sind sie schließlich auch nur dazu da, um
heimlich zu gucken, was der Nachbar in Nummer 76 von
Dark Desires geliefert bekommt. Auch durch Türen zieht es.
Wer in einer englischen Krimiserie gesehen hat, wie ein Polizist auf Verbrecherjagd schwuppdiwupp *(hey presto)* die
Türe zum Bad durchtreten hat, als wäre sie aus Oblatenpapier, weiß, warum: Sie ist aus Oblatenpapier. Ach ja, und da
hierzulande übliche Isolierungen in England völlig unüblich
sind, zieht es auch noch durch die Wände. Und, das sei zu
guter Letzt erwähnt: Es zieht auch noch von unten kalt und
feucht in die Knochen, weil Engländer nämlich selten einen
Keller haben. Aber wozu gibt es in englischen Häusern tonnenweise warme Federbetten, Überdecken und Kissen, deren meist florale Muster sich im Übrigen oft entzückender-
weise mit dem Muster des Sofas, der Sessel und der Vorhänge
decken? Natürlich haben die meisten Engländer, genau wie

---

*15 Achtung: Falls Sie als deutscher Durchlüftfreund wirklich mal frische
Luft ins Zimmer lassen wollen, öffnen Sie die Fenster keinesfalls ohne fremde
Hilfe! Die typisch englischen Schiebefenster sind – ich weiß es aus eigener,
schmerzlicher Erfahrung – absichtlich so konstruiert, dass man beim Gegen-
einander-Schieben der unteren und oberen Fensterscheibe seine Finger darin
verklemmt und ohne fremde Hilfe nie wieder freikommt. Vielleicht soll das
Einbrecher abschrecken. Vielleicht verbirgt sich dahinter auch eine einträgli-
che Kooperation der englischen Schreiner-Innung mit der englischen Chirur-
gen-Innung. Man steckt nicht drin. Oder, im blödesten Fall eben doch.*

Deutsche, Zentralheizung. Sie schalten diese sogar gelegentlich ein, wenn sie zum Beispiel mitten in der Nacht aufwachen und ihren eigenen Atem als Wölkchen sehen oder innen an den Fenstern Eiszapfen hängen. Außerdem gehört zu jedem englischen Wohnzimmer (*living room* beziehungsweise *lounge,* Sie wissen schon) ein wunderbar gemütlicher, offener Kamin *(fireplace),* der so schnell und zielgenau Frontalwärme verbreitet, dass man erste Brandwunden im Gesicht hat, bevor die Eisplatten in der Nierengegend zu tauen beginnen. Für den extremen Kältefall steht garantiert irgendwo eine elektrische Heizung rum, die man nur an irgendeiner Steckdose anschließen muss und – bingo!

Ach so, richtig. Die Sache mit den Steckdosen. Es ist neben den sagenumwobenen Kreisen im Kornfeld und dem Lochness-Monster Nessie das wahrscheinlich größte Mysterium Großbritanniens, warum in englischen Häusern auf zehn elektrische Geräte im Schnitt eine Steckdose kommt. Das hat zur Folge, dass man den Teigmixer auf dem Boden neben dem Fernsehapparat findet oder der Staubsauger ein dreißig Meter langes Verlängerungskabel braucht.

Aber immerhin! Wenn Ihr Gastgeber Sie ein Stockwerk höher in das neblige und nach Schwimmbad riechende Badezimmer führt, werden Sie merken, dass es hier gar keine Steckdosen gibt. Und auch keine Lichtschalter. Stattdessen aber massenhaft Strippen, die von der Decke baumeln und die mit Glück sogar beschriftet sind: eine Strippe für's Licht, eine Strippe für den Ventilator, eine Strippe für den Handtuchwärmer, eine Strippe für das Heizöfchen (im Bad gibt es keine Heizung, schließlich muss auch der britische Schimmel eine faire Chance haben), eine Strippe, von der niemand weiß, wofür sie da ist, und eine Strippe für den Durchlauferhitzer. Dass dieses Gerät Wasser erwärmt, heißt nicht automatisch, dass man beim Duschen warmes Wasser bekommt. Weil das Prinzip der Mischbatterie sich in England noch nicht flächendeckend durchgesetzt hat, gibt es in Waschbecken und Badewanne statt je einem Wasserhahn je zwei Wasserhähne, sodass man beim Händewaschen oder Duschen die Wahl zwischen arktisch kaltem oder kochend heißem Wasser[16] hat, falls man es überhaupt schafft, die Hände oder irgendein anderes Körperteil unter die direkt an der Wand angebrachten, irrsinnig kurzen Wasserhähne zu quetschen. Meiner Erfahrung nach lässt sich durch blitzschnelles Hin-und-Herbewegen der Hände unter beiden Wasserhähnen (praktisch eine Art extrem zackiger Kneippkur) zumindest der Eindruck einer Durchschnittstemperatur herstellen. Im Winter kann man sich die Mühe sparen, da ist das Wasser ohnehin oft eingefroren, da in vielen englischen Häusern die Versorgungsleitungen an den Außenwänden verlaufen. Dafür sind die Füße immer warm. Denn englische Badezimmer und Toiletten sind mit dickflorigem Teppich ausgelegt. Denken Sie einfach nicht weiter darüber nach. Und da

---

16 In vielen englischen Badezimmern gibt es keine Dusche sondern nur eine Badewanne, die man mit shower equipment zur Dusche umfunktionieren kann –genauer: einem Gummischlauch, der auf der einen Seite einen Duschkopf hat und sich an der anderen Seite zu zwei Schläuchen gabelt – den einen davon steckt man auf den Heißwasserhahn, den anderen auf den Kaltwasserhahn, schon haben Sie Ihre Dusche. Wer sagt's denn!

wir gerade dabei sind, über Toiletten nachzudenken: Wer hat sich ausgedacht, dass englische Toilettenschüsseln einen so winzig kleinen Abfluss haben, dass gerade mal eine Weintraube durchpasst? Falls Sie planen, in ein englisches Haus einzuziehen, legen Sie sich schon mal ein Bataillon Abflussreiniger *(drain-cleaners)* und Klobürsten *(loo-brushes)* zu, und eröffnen Sie ein Extrakonto für Klempnerarbeiten. Klempner *(plumbers)* sind in England so gefragt, dass ihr Stundenhonorar in etwa dem von David Cameron entspricht.

Waschmaschinen stehen in England übrigens nicht im Bad, sondern in der Küche. Es handelt sich meist auch nicht um Waschmaschinen, sondern um Waschtrockner *(washerdryer)*, also Maschinen, die erst die Wäsche waschen und diese anschließend exakt in den halbtrockenen Zustand bringen, der es erforderlich macht, sie zum Trocknen einen Tag flächendeckend im ganzen Haus auszulegen: über den Stühlen, auf den Fensterbrettern, auf dem Kaminsims, auf dem Schreibtisch, auf dem Hund …

Dafür stolpern Sie in den meisten englischen Küchen im Gegensatz zu deutschen Küchen nicht über zehn verschiedene Mülltonnen. Das Prinzip der Mülltrennung ist in England noch recht neu. Und obwohl es ein paar Streber-Ortschaften gibt, wie das mittelenglische Newcastle-under-Lyme, wo man im Überschwang der Umweltgefühle gleich neun(!) Kriterien ausgemacht hat, nach denen Müll sortiert werden muss (Pappe, Plastik, Papier, Glas, Dosen, Stoffe, Gartenabfälle, Bio-Müll, Restmüll), trennen die meisten Engländer ihren Müll nach wie vor nach dem bewährten Schema „bleibt im Kühlschrank / kommt in die Mülltüte."

Seien Sie bitte sehr, sehr vorsichtig mit irgendwelchen Kommentaren während ihrer Besichtigungstour des gastgeberlichen Zuhauses. Engländer sind passionierte *DIYs – Do-it-yourself*-Anhänger. Die Wahrscheinlichkeit ist groß, dass ausgerechnet der falsche Stuck an der Decke oder die Löwenkopf-Türgriffe, über die sie gerade in humorigem Ton herziehen wollten, ein Eigenwerk des letzten Wochenendes sind!

Selbst wenn Ihr Gastgeber in typisch englischer Manier alles, was er fabriziert hat, mit einer wegwerfenden Handbewegung und einem verächtlichen „Ach, das? Nur so eine alberne Idee von mir …" kommentieren und seine handwerklichen Fähigkeiten als absolut katastrophal bezeichnen wird, sind – da können Sie sicher sein – die absonderlichen Ergebnisse dieses Werkelns sein ganzer Stolz. Engländer finden an ihrem Haus immer etwas zu tun.

Home improvements, „Heim-Verbesserungen", nennen sie das, auch wenn manche Verbesserungen tatsächlich schlimme Verschlechterungen sind, die auf lange Sicht dazu führen, dass das Eigenheim (in dramatischen Fällen die ganze Nachbarschaft) den Bach runter geht. Hilfestellung geben dabei Dutzende Heimveredelungs-TV-Shows *(home improvement-tv-shows)*. Dazu später mehr.

Noch leidenschaftlicher werkelt der Engländer nur in seinem Garten, angestachelt von Sendungen wie *Gardeners' World* und *Ground Force*, die seit einigen Jahren wie Pilze aus dem Boden schießen. Besonders beliebt bei Engländern über fünfzig ist die *Chelsea Flower Show*, die Chelsea jedes Jahr für ein paar Tage in eine Rentner-Hochburg verwandelt.

Hunderte von selbsternannten „Grünen Fingern" (*green fingers*; Grüne Daumen sind den Engländern zu wenig) diskutieren in Heimgärtner-Blogs über die Vorzüge von kabellosen Kettensägen und darüber, mit welcher Heckenschere man seiner Gartenhecke den besten *Brazilian Cut* verpasst oder alles ausrottet, was Milben, Läuse oder Bienen anziehen könnte. Gibt man bei *Amazon.co.uk* den Suchbegriff „*Garden*" ein, bekommt man 427.000 Ergebnisse, mehr als doppelt so viel wie bei Amazon.de. Der englische Frühling kündigt sich nicht etwa durch zartes Vogelgezwitscher an, sondern durch das Knattern von Aufsitzrasenmähern und Rasentrimmern, mit denen Millionen von englischen Gartenbesitzern Freddie-Krüger-artig über die erwachende Vegetation herfallen. Kein Wunder, dass in besagter Saison die Notaufnahmen englischer Krankenhäuser (*Accidents & Emergencies*, kurz: *A&E)* voll von erdkrumenbedeckten Männern in Gartenkittel, Clogs und Sonnenhütchen sind, die sich Insektenvernichter ins Auge gesprüht oder mit der Nylonschnur der Motorsense die Zehenkuppen abgefräst haben.

Soviel Leidenschaft bedeutet übrigens mitnichten, dass Engländer ihre Gärten – wie so manch deutscher Kleingärtner – mit Lupe und Nagelschere schneiden. Zwar sind die handtuchgroßen Rasenflächen zur Straße hin, die von Nachbarn und Spaziergängern eingesehen werden können, so gepflegt, dass man darauf Profi-Tennis spielen könnte. In den badehandtuchgroßen Hintergärten aber, die vor öffentlichen Blicken geschützt sind, fliegen Kraut und Rüben sowie Müllsäcke, Backsteine, Gummistiefel und kaputte Kinderfahrräder

lustig durcheinander. Alles schön abgeschirmt von wind-
schief zusammengenagelten Sperrholz-Zäunen *(garden fen-
ces)*, die gerade so hoch sind, dass Nachbarn nicht sehen können, was man eigentlich oben ohne im Garten macht.[17]
Sie sind aber wiederum genau so niedrig, dass man – zumindest auf Zehenspitzen – bequem ein paar Worte übers Wetter über sie hinweg wechseln kann.
„Gartenarbeitsbeurlaubung" *(gardening leave)* heißt in England übrigens das, was in Deutschland „Vertragliches Wett-
bewerbsverbot" genannt wird; der Zeitabschnitt also, in dem
man nach der Kündigung von seinem ehemaligen Auftrag-
geber dafür bezahlt wird, dass man nicht für die Konkurrenz
arbeitet. Vielleicht hoffen englische Arbeitgeber, dass man
beim Gießen von Gänseblümchen und Geranien alle Be-
triebsgeheimnisse vergisst…? Auf jeden Fall klingt „Ich bin
auf Gartenarbeitsbeurlaubung" *(I'm on gardening leave)* viel
eleganter als „Ich wurde gefeuert." Und in der erzwungenen
freien Zeit kann man nicht nur im eigenen Garten buddeln,
TV-Sendungen übers Gärtnern gucken oder die Gärten seiner Freunde bewundern, sondern auch einen erhellenden
Ausflug zum Britischen Rasenmähermuseum in Southport
machen. Welche andere Nation außer England hat schon so
etwas Wunderbares vorzuweisen?

*17 Außerhalb dieser Zäune ist es mit Privatleben übrigens Essig. England
gehört nämlich zu den rabiatesten Überwachungsstaaten der westlichen
Welt. Dank dem Closed Circuit Television System, einer Videoanlage mit
landesweit mehr als 4 Millionen Kameras an fast jeder Ecke, wird jeder
Einwohner durchschnittlich hundertmal am Tag gefilmt.*

Natürlich hat nicht jeder Engländer das Glück, ein Haus mit Garten sein eigen nennen zu können. Dennoch gibt es in England anteilsmäßig viel mehr Hausbesitzer als in Deutschland. Das liegt unter anderem daran, dass die ehemalige Premierministerin Margret Thatcher es in den Achtzigern zu einer ihrer Hauptaufgaben gemacht hat, so vielen Mietern wie möglich den Kauf ihres Heims zu ermöglichen – sodass in der Folge selbst junge Leute ohne großes Einkommen sich ein eigenes Haus leisten konnten. Das erste Haus ist in England aber selten das letzte Haus, denn Engländer wohnen sich im Lauf ihres Lebens quasi nach oben. *Housing Ladder*, also etwa „Wohnleiter", heißt das in Deutschland unbekannte Prinzip, bei dem man ganz unten, also zum Beispiel mit einem *one-up-one-down*-Haus (ein-Zimmer-oben-ein-Zimmer-unten Haus) anfängt, um sich dann Sprosse für Sprosse hochzuarbeiten: zum *two-up-two-down*-Haus, zum *three-up-three-down*-Haus, und am Ende mit na ja, etwas Glück, zum Buckingham Palace eben.

Wahrhaft königlich sind auch die englischen Mietpreise. Eine winzige Vorstadtwohnung im Sozialbau *(council house)* zwischen ratternder Bahnlinie und nicht weniger lärmender Autobahn, in der die Nachbarn Drogen produzieren und fünf Kampfhunde haben, bekommt man oft nur zu einem Preis, den man für eine 5-Zimmer-Wohnung im edlen Frankfurter Westend hinlegen würde. Eine Wohnung in Nähe Hydepark mit Indoor-Swimmingpool kann dann schon mal locker £40,000 (etwa 48 000 Euro) monatlich kosten. Kein schlechtes Angebot, wenn man überlegt, was man da alleine an Kosten für die *tube* spart!

Essen und Trinken

Bläschen und Gequieke, Kröten im Loch, Tunten in Soße,
fettige Löffel und der nationale Keks-Tunk-Tag.

Die englische Küche hat einen zweifelhaften Ruf. Na gut,
warum um den lauwarmen Brei reden: Sie hat den Ruf, das
schlechteste Essen der Welt zu fabrizieren. Das liegt zum
einen vielleicht daran, dass Engländer nie viel Gedöns um
Lebensmittel gemacht haben und seit jeher allem, was irgendwie aufwändig zusammengemischt oder -gerührt wird,
mit großer Skepsis gegenüber stehen. Schon die alten Normannen, die den Engländern den berüchtigten *porridge*, eine
Art geschmacksneutralen Haferschleim, eingebrockt haben,
galten, um die Sache sehr vorsichtig auszudrücken, nicht gerade als Helden an der kulinarischen Front. Die puritani-
schen Regenten des 17. Jahrhunderts lehnten ausgefallene
Geschmäcker, kapriziöse Saucen oder sonstige Raffinessen
sowieso als ausländischen und zudem katholischen Chichi
ab. Obwohl die viktorianische *upper class* im späten 19. Jahrhundert dann überraschenderweise überaus fürstlich und
sehr französisch zu spachteln pflegte – ihr wird der wunderbare Schlachtruf *Eat, drink and be merry (*„Esst, trinkt und
seid fröhlich!") zugeschrieben –, mussten ihre normal sterb-
lichen Zeitgenossen weiterhin ihre langweilige Suppe aus-
löffeln. Zwei Weltkriege und die dramatischen wirtschaft-
lichen und gesellschaftlichen Folgen trugen schließlich dazu
bei, Englands Renommee als kulinarisches Notstandsgebiet

ein für alle mal zu festigen.[18] Die Insel hatte nämlich, das ist vielen deutschen Wirtschaftswunderkindern, -enkeln und -urenkeln womöglich gar nicht klar, noch bis in die frühen 60er Jahre hinein an den Folgen des Zweiten Weltkriegs zu knabbern. Oder eben nicht zu knabbern. Selbst absolute Grundnahrungsmittel wie Fleisch, Zucker, Butter und Eier waren noch bis 1954[19] strengstens rationiert, folglich mussten die Engländer buchstäblich alles, was ihnen unter die Finger kam, zu Essbarem verarbeiten. Hauptsache, es machte satt. Viele traditionelle englische Gerichte sind ursprünglich Arme-Leute-Essen: fette Brühen, deftige Suppen und blei-schwere Pasteten aus billigen, leicht erhältlichen Zutaten. Bis in die späten Siebziger bestand ein typisch englisches Menü aus einem würzarmen Braten und zwei Sorten zer-kochtem Gemüse. Peu à peu hielten aber dank zunehmender Immigration aus der ehemaligen indischen Kolonie in engli-schen Haushalten Currys, Chutneys und auch die berühmte *Mulligatawny Soup* Einzug, und gelten heute fast schon als typisch englische Nationalgerichte. In den Achtzigern be-gannen die Engländer, Pauschalreisen in südeuropäische Länder zu machen. Dabei stellten sie fest, dass man von so ausländischem Zeug wie Knoblauch, Thymian und Rosma-rin nicht sofort tot umfällt. In den Neunzigern schließlich

18 Übrigens glauben viele Engländer, dass die deutsche Küche eine der lang-weiligsten Küchen der Welt sei. Bis vor ein paar Jahren gab es kein einziges deutsches Restaurant in London!

19 In der BRD wurden Rationierungen von Lebensmitteln 1950 aufgeho-ben, in der DDR 1958.

traten Starköche wie Gordon Ramsay, Jamie Oliver und Nigella Lawsen auf den Plan. 2001 gab die englische Reinigungsfirma Johnson's eine Top-10-Kleiderflecken-Liste heraus: Eindeutig bekleckerten sich die Engländer nicht mehr nur mit Tee und Ketchup, sondern vornehmlich mit Teriyaki-Soße, Olivenöl und Safran. Mittlerweile gilt England – insbesondere London natürlich, aber nicht nur! – als Paradies für Gourmets aus aller Welt, wo man nach Belieben thailändisch, japanisch, chinesisch, indisch, französisch, italienisch, griechisch oder wie-auch-immerisch essen kann. Das französische Magazin Madame Le Figaro kürte die Engländer 2010 zum Entsetzen der Franzosen zum Sieger in Sachen Kochen, und der renommierte Guide Michelin vergab 2011 ganze 143 Sterne an britische Restaurants. Ha!

Man muss an dieser Stelle allerdings einräumen, dass viele Engländer das nicht wirklich mitbekommen haben. Die wichtigsten Kochwerkzeuge in den meisten englischen Haushalten sind immer noch Schere, Kochbeutel und Mikrowelle. In den Supermärkten gibt es kilometerlange Gänge mit *convenience food*. Angeblich gibt es seit Neustem sogar *baked beans* auf Toast zum Auftauen! Wer kein *convenience food* zuhause vorrätig hat, holt sich auf dem Nachhauseweg eine Portion *fish & chips*, *chicken tikka masala* oder ein Pommes-Sandwich von einer der Imbissbuden, den sogenannten *greasy spoons* („fettigen Löffeln"), von denen in England ungefähr 15.625 auf jeden Quadratkilometer kommen. Während immer mehr Deutsche Wert darauf legen, ausgedehnte Essen in geselliger Runde zu genießen – ob in eleganten Restaurants, lauschigen Straßencafés oder am eigenen Tisch –, nehmen viele Engländer ihre Hauptmahlzeit an der Bushaltestelle ein. Oder vor dem Fernseher, wo sie gemütlich und schweigsam vor sich hinkauend – mit Plastikbesteck und warmer Styroporschachtel auf den Knien – einem der unzähligen Fernsehköche beim Zubereiten eines 7-Gänge-Menüs über die Schulter schauen.

Ach, achten Sie übrigens bei Gelegenheit mal drauf, wie die Engländer ihre Gabel benutzen – nicht wie eine Schaufel, sondern anders herum. Wer sieht, wie sie einzelne Erbsen auf den rutschigen Hügel ihrer umgedrehten Gabel schieben, diese dann zwischen die Ritzen der einzelnen Gabelzinken drücken und die Gabel anschließend vorsichtig zum Mund balancieren, dem wird schlagartig klar, dass Engländer schlichtweg gar keine Zeit haben, ihr Essen auch noch selbst zuzubereiten!

Seltsam mutet darüber hinaus an, dass traditionelle englische Gerichte, die an und für sich lecker schmecken, so unglückliche Namen tragen wie „Bläschen und Gequieke" *(bubble and squeak)*, „Kröte im Loch" *(toad in the hole)* oder „Tunten in Soße" *(faggots in gravy)*. Wer möchte schon persönlich in Erfahrung bringen, was hinter dem Namen „Kniebundhosen Pracht" *(knickerbocker glory)* steckt? Oder wie „Singende Maulesel" *(singing hinnies)* schmecken?[20] Fast kann einen angesichts so abschreckender Namen der Verdacht beschleichen, dass die Engländer in einer trotzigen Art von verdrehtem Nationalstolz gar nicht wollen, dass man ihr Essen lecker findet. Ich selbst gestehe an dieser Stelle,

---

20 *Sie wollen es? Na gut. Alle Gerichte sind auf den Folgeseiten erläutert.*

dass ich tatsächlich immer ein kleines bisschen enttäuscht bin, wenn ich einem deutschen Freund eine Ecke Marmite-Toast (s. S. 94) zum Probieren gebe und er es nicht gleich prustend in hohem Bogen ausspuckt. Denn schließlich bin ich voll und ganz darauf eingestellt, mit stolz geschwellter Brust zu sagen: „Tja-ha, das muss man eben doch mit der englischen Muttermilch eingesaugt haben!"

Aus dieser womöglich typisch englischen Eigenschaft, stolz auf grenzwertiges Essen zu sein, hat der Starkoch Fergus Henderson ein Geschäft gemacht und im Szeneviertel Spitalfields ein Restaurant namens *St John's Bread & Wine* mit Delikatessen wie knusprigem Schweineohrensalat, Ochsenherz und Knochenmarktoast eröffnet, wo die Gäste versuchen, sich im Schräge-Sachen-Essen zu übertrumpfen. Im Gourmettempel *Fat Duck* in Bray, das zeitweise als bestes Restaurant der Welt galt, hält Starkoch Heston Blumenthal mit erlesenen Köstlichkeiten wie Schnecken-Porridge, in Lakritzgel gedünstetem Lachs und Schinken-Rührei-Eiskrem dagegen.

Schräg hin, schräg her: Ich möchte hier erwähnen, dass das englische Essen in Wirklichkeit gar nicht mal schlecht ist. Es ist auf eine schlichte, bescheidene und unaufgeregte Weise sogar ziemlich lecker. Außerdem ist es womöglich das tröstlichste Essen, das man an einem langen, kalten, regnerischen Tag zu sich nehmen kann. Angefangen mit dem berühmten englischen Frühstück, dem *full english breakfast, auch fry-up* genannt, in dem *baked beans*, gebratene Würstchen, Spiegeleier und Frühstücksbacon die Hauptrollen spielen. Herzverfettung? Ach, egal. Als Variante zum Bacon kann man, wenn man nach dem Pub-Besuch am vorigen Abend einen fulminanten Kater hat, auch *kippers,* gesalzene Räucherheringe, essen. Eine andere englische Frühstücksspezialität ist – Sie ahnen es – *porridge,* Haferschleim. Klingt schrecklich und schmeckt vielerorts noch schrecklicher. Bereitet man *porridge* allerdings mit Rosinen, frischen Früchten, Nüssen, Honig und Zimt zu, wird daraus eine der allerschönsten Arten, den englischen Tag zu beginnen. Mittlerweile gehen trotzdem immer mehr Engländer zum *continental breakfast* über, sprich: Brot mit Aufstrich. Brot, muss man wissen, ist in England grundsätzlich Weißbrot. Außer es heißt ausdrücklich *brown bread,* dann ist es – ha! – Weißbrot, das dunkel gefärbt ist. Aufs weiße oder braune Weißbrot kommt entweder *marmelade,* Konfitüre aus Zitrusfrüchten, oder *jam,* so der Sammelbegriff für alle anderen Konfitüren. Ein anderer typisch englischer Brotaufstrich heißt Marmite – das ist eine Mischung aus Hefeextrakt, Gemüse und Salz, die aussieht wie dunkle Schuhcreme und die britische Nation in leidenschaftliche Liebhaber und ebenso leidenschaftliche Hasser spaltet. Als Vetreterin der ersten Gattung, die niemals das Land ohne mindestens ein Glas Marmite im Gepäck verlassen würde, hier ein Tipp: Am köstlichsten schmeckt das Zeug auf heißem Weißbrottoast. In Windeseile (unbedingt bevor der Toast abkühlt – Sie dürfen ruhig im Weg stehende Familienmitglieder oder Haustiere zur Seite stoßen) erst dünn mit Butter bestreichen, dann fast ebenso dünn mit Marmite bestreichen. Dann den Toast in zwei Zentimeter breite Streifen schneiden – und ganz wichtig: die Streifen noch mal vertikal einschlitzen: Aaaaah!

Es sei hier ein für alle mal gesagt: Vegemite oder das schwachbrüstige deutsche Vitam R oder – bah! – Bovril nehmen sich im Vergleich zu Marmite aus wie ein Trittroller zu einem Rolls Royce. Das musste einfach mal gesagt sein![21]

Zu 90 % aus Brot sind übrigens auch die meisten Würste, die man in England bekommt. Das tut der englischen Wurstliebhaberei aber keinen Abbruch. Mit jährlich 182 Millionen Tonnen verspeisten Würstchen liegen die Engländer nur um Wurstzipfelbreite hinter den Deutschen. Regelmäßig findet in England die *British Sausage Week* statt sowie die Wahl von *Britain's Sausage Queen*, und es gibt sogar eine *British Sausage Appreciation Society*, auf Deutsch: Eine „britische Gesellschaft zur Würdigung von Würstchen". Tolle Wurst!

Eine andere prima Sache, die man für zwischendurch mit Brot machen kann, sind *sandwichs,* auch *butties* genannt. Engländer belegen diese mit allem, was man sich vorstellen kann. Details erspare ich Ihnen, nur soviel: Wenn Sie erstmal so weit sind, dass Sie Heißhunger auf ein mit Pommes belegtes Sandwich haben, wissen Sie, dass Sie voll und ganz in England angekommen sind. Pommes wiederum werden in England, anders als in Deutschland, nicht nur mit Ketchup oder Mayonnaise gegessen, sondern auch noch in Essig

---

21 *Zwecks angemessener Ausgewogenheit hier die (vollkommen unmaßgebliche) Meinung meines deutschen Freundes Alex: „Alles Quatsch, was hier steht. Ein Marmite-Brot sieht aus wie ein Stück Weißbrot, das während einer Ölkatastrophe an den Strand gespült wurde. Wenn man den Fehler begeht, reinzubeißen, sehnt man sich nach einem Stück Weißbrot, das während einer Ölkatastrophe an den Strand gespült wurde."*

getränkt. Man isst sie üblicherweise im Gehen aus einem Styroporschälchen mit einem viel zu kleinen Holzgäbelchen. Auf Englisch heißen sie *chips*. Die Dinger in der knisternden Tüte wiederum, Kartoffelchips also, tragen den Namen c*risps* und sind so etwas wie das englische Nationalgericht, das jederzeit und zu allem gegessen wird – sogar, da haben wir's wieder, auf Sandwich! Kartoffelchips schmecken in England nach allem außer nach Kartoffeln: Zwiebeln, Essig, Käse, Speck, Scampi, Tomate, Paprika, Chili, Fisch, Brathähnchen, Ente, Steak, Pizza, Worcester Soße, Zitrone, Saure Sahne, Schokolade, Barbecue, Nessel. Zeitweise gab es sogar *crisps* mit *hedgehog-flavour*, also „Igel-Geschmack". Ja, das stachelige Tier, Sie haben sich nicht verlesen. Genug gesagt.

Auch gut für den schnellen Hunger sind *pot noodles*, eine glutamathaltige Instant-Nudelsuppe, der man nur kochendes Wasser zufügen muss. *Pot noodles* gibt es in vielen Geschmäckern, sie sind besonders bei Studenten und männlichen Singles beliebt und hinterlassen nach dem Verzehr einen Nachgeschmack von Scham und Reue. Selbiges gilt auch für die in *pubs* servierten *pork scratchings*, „Schweinegeschabtes" – ein Snack, der aussieht wie Schorfstücke, die von einem Schwein abgefallen sind. Mitunter inklusive der Haare. Was gar nicht weiter auffällt, wenn man ordentlich *chutney* drauf klatscht, eine süß-sauer-scharf-pikante Soße aus Obst oder Gemüse. Oder *pickles*, eingelegtes Gemüse oder Obst. Beides, *chutney* und *pickles*, kann man übrigens auch wunderbar – wer hätte es gedacht? – auf Sandwich essen. Köstlich zu jeder Art von Fleisch schmeckt *mint sauce*, eine marmeladenartige Mischung aus Minzeblättern, Essig, Zucker und Limette.[22]

Die Königin unter den englischen Hauptspeisen ist *sunday roast*, auch *joint* genannt, der sonntägliche Rostbraten aus Lamm, Schwein, Rind oder Huhn, der mit Ofenkartoffeln, einem bemerkenswert geschmacksneutralen Blätterteiggebäck namens *Yorkshire Pudding* und Soße gegessen wird. Alltagstauglicher, und mittlerweile das beliebteste ’britische’ Gericht, vor allem nach einem ordentlichen Besäufnis im *pub*, ist *curry*. Curry hat nullkommanichts mit der in Deutschland beliebten Currywurst zu tun. Und man spricht es in England auch nicht wie im Deutschen „körri“, sondern „karri“. Urenglisch dagegen ist *bubble and squeak*, ein Mischmasch aus gekochtem Gemüse, Kartoffeln, Zwiebeln und irgendwelchen Fleischresten von vorvorgestern Abend – dem norddeutschen Labskaus gar nicht unähnlich. Oder *toad in the hole*, Bratwürste, die im Milch-Ei-Butterteig gebacken und mit Kartoffelpüree, Erbsen und Soße verspeist werden. *Faggots in gravy* ist der lustige Name für köstliche englische Fleischbällchen, die in Schweinsdarm eingewickelt, im Ofen gebacken und kalt serviert werden.

Nicht lustig aber einigermaßen irreführend ist der englische Begriff *salad*. Bei dem handelt es sich nämlich nicht, wie man meinen könnte, um Salat, sondern um eine volle Mahlzeit mit Schinken, Eiern, Käse, Thunfisch und Kartoffeln

---

22 Na gut. Ich räume ein, dass die meisten Nicht-Engländer das Adjektiv ‚widerlich’ zutreffender finden. Schon Obelix war entsetzt, als man ihm in Britannien sein geliebtes Wildschwein mit mint sauce servierte.

und allem möglichen anderen Pipapo. Wenn Sie einen grünen oder gemischten Salat haben wollen, wie man ihn in Deutschland kennt, dann müssen Sie einen *side-salad* bestellen. Ein anderer Ausdruck, der hungrige Deutsche auf die völlig falsche Fährte lenken könnte, ist *pudding*, kurz: *pud*. Dahinter kann sich ein Nachtisch verbergen. Es sei denn, vor dem Wort steht *black*, *white* oder *blood*. Dann handelt es sich nämlich um Blutwurst, Leberwurst, Grützwurst oder irgendeine andere fragwürdige Speise aus dem dunklen englischen Mittelalter.

In diese Abteilung fällt auch der berühmt-berüchtigte *haggis*. Laut der schottischen Mythologie ist dieses eine Art schottischer Wolpertinger – ein niedlicher, pelziger Igel mit drei unterschiedlich langen Beinen. Leider bezeichnet der Begriff auch einen Brei aus Schafsleber, Schafsniere, Schafsherz, Hafermehl und Brühe, der in einen umgekrempelten Schafsmagen gestopft wird. So was wie Pfälzer Saumagen – bloß in Schafsvariante. Auch für *jellied eel* muss man eine gewisse Portion Abgebrühtheit aufbringen. Das ist kleingehackter Aal, der in Gewürzbrühe gekocht und dann gekühlt wird, bis Aal-Wackelpudding draus geworden ist. Und jahaa, der schmeckt genauso, wie er klingt!

Schnell weiter im Programm: Zum *afternoon tea* reicht der Engländer gerne *scone*s, köstliche Kuchenbrötchen mit Rosinen, die mit *clotted cream* – einer sehr fest geschlagenen Sahne aus erhitzter Milch – und Marmelade gegessen werden. Und im Übrigen nicht, wie man meinen könnte, „skoohwn" ausgesprochen wird, sondern „skonn". Manche sagen dazu auch *singing hinnies* – wegen des hübschen Brutzelgeräuschs beim

Backen. Auch lecker: *Crumpet*, ein Gebäckstück, das aussieht wie ein löcheriger Schwamm und nach Pfannkuchen schmeckt. Seien Sie bei der Bestellung vorsichtig – c*rumpet* kann auch „tolles Weib" bedeuten. Um die Weihnachtszeit herum isst man traditionell *mincemeat pies*, das sind nicht, wie man meinen könnte, Törtchen aus Hackfleisch *(minced meat)*, sondern Törtchen mit in Brandy getränkter Frucht-Nuss-Rosinen-Füllung.

Zu den englischen Desserts, die man sich auch gleich direkt an die Hüfte nageln könnte, gehören *yummies* (auf Deutsch in etwa: Mjam-mjams) wie das englische *trifle*, in dem sich Schichten aus Vanillepudding, in Sherry getränktem Biskuitkuchen, Früchten, Marmelade und Sahne abwechseln. Ebenso *knickerbocker glory*, ein XXL-Eisbecher mit verschiedenen Lagen von Sirup, Nüssen, Sahne, Baiser, Früchten und bisweilen auch Alkohol. Oder *Eton mess*, auf Deutsch: „Eton Durcheinander", ein Dessert, das aus Erdbeeren, Baiser und Sahne besteht und nach altem Brauch am Eton College zum jährlichen *cricket match* serviert wird.

Wer Durst hat, kann diesen mit *cider* löschen, einer Art vergorenem Apfelsaft, der sich am ehesten mit dem deutschen *Äppelwoi* vergleichen lässt. Oder mit *shandy*, einem Gemisch aus Bier und Limonade, das wie Radler, Alsterwasser oder Berliner Weiße dazu verführt, Unmengen zu trinken und im Anschluss dann noch – „Nee, ich kann echt noch!" – mit dem Auto nach Hause zu fahren.

Falls Sie in England selbst zu Kochlöffel und Schürze greifen, empfehle ich Ihnen einen Gang durch die beeindruckende Lebensmittelabteilung von Marks & Spencer. Diese

Kaufhauskette ist in etwa so englisch wie – sagen wir mal: die Queen, die in den Union Jack eingehüllt auf einem Doppeldecker durch London fahrend Fish& Chips isst und dazu „*She's a jolly good fellow*" singt.

Bei einer Einladung zum Essen ist es wichtig zu wissen, dass das Frühstück *breakfast* oder *brekkie* heißt, *elevenses* die kleine Frühstückspause zwischendurch meint, das Mittagessen *lunch* oder *dinner* genannt wird, der *afternoon tea* so zwischen 3 und 4 Uhr eingenommen wird, und das Abendessen *supper* oder *dinner* heißt. Zweiteres meint in der Regel ein aufwändigeres Mahl. Wenn Sie zum *dinner at eight,* „Abendessen um acht Uhr", eingeladen werden (und diese Einladung nach dem Lesen dieses Kapitels noch annehmen wollen), sei Ihnen geraten: Nehmen Sie vorsichtshalber einen Laib Brot in der Handtasche mit. „Um 8 Uhr" heißt nicht, dass es um 8 Uhr Essen gibt, sondern nur, dass der Gastgeber um etwa 8 Uhr mit dem Kochen beginnt und Sie frühestens um 11 Uhr (mittlerweile komplett von diversen Aperitifs bedüdelt) mit dem Essen anfangen werden. Der Sinn des Dinners ist nämlich nicht das Essen, sondern das Alkohol-Trinken. Doch das ist ein anderes Kapitel.

Ein Getränk, das aus Sicht der Engländer einfach zu jeder Zeit und in jeder Lebenslage perfekt ist, ist eine gute Tasse Tee, oder wie die Engländer sagen: *a cuppa*, was die Abkürzung für *a cup of tea* ist. Es gibt in England natürlich mitnichten nur den oben erwähnten *afternoon tea*, sondern Tee zum Aufwachen, Tee zum Frühstück, Tee zur Frühstückspause, Tee zum Mittagessen, Tee nach dem Mittagessen, Tee zum Tee, Tee zum Abendessen, Tee zum Einschlafen und natürlich Tee für zwischendrin. Als Engländer trinkt man Tee, wenn einem kalt ist, wenn einem warm ist, wenn man müde ist, wenn man wach ist, wenn man gut drauf ist, wenn man schlecht drauf ist, wenn man so lala drauf ist, wenn man sich trifft, wenn man sich trennt, wenn man ausgeht, wenn man aus ist, wenn man wiederkommt, wenn man gerade eben erst einen Tee hatte. Selbst wenn die Welt unterginge – eine schnelle Tasse Tee ist immer noch drin. Als der damalige Premierminister Chamberlain 1939 den Krieg mit Deutschland ankündigte, tranken die Generäle und Soldaten zunächst erstmal eine schöne Tasse Tee. Und als jüngst Krawalle auf Englands Straßen tobten, gründeten Krawallgegner schwuppdiwupp die Gruppe *Operation Cup of Tea*, die Mitbürger aufforderte: „Bleibt drinnen und trinkt Tee!" Schon am ersten Tag posteten mehr als 100.000 solidarische Engländer Profilfotos von sich mit einer Tasse Tee in der Hand. Was ich mit diesen Beispielen andeuten will: Tee ist in England auch in den Zeiten von Starbucks und Konsorten eine sehr, sehr elementare Angelegenheit. Sie sollten daher auch als traditioneller deutscher Kaffeeliebhaber niemals eine Tasse Tee ausschlagen, wenn Sie nicht umgehend als unzivilisierter deutscher *squarehead*, sprich: „Quadratkopf", dastehen wollen.

Aber wie macht man *proper english tea*? Natürlich gibt es in England einmal die farblose und geschmacklose Plörre, die unter dem Namen *builder's tea* – „Maurertee" – bekannt ist. Diese heißt im Volksmund so, weil sie besonders bei der *working class* beliebt ist. Um *builder's tea* zu machen, muss man lediglich einen Teebeutel 5 Sekunden in kochendes

Wasser tauchen, dann ordentlich Milch und etwa 10 Teelöffel Zucker dazugeben oder eben so viel, bis der Löffel von alleine im Glas steht. Fertig! Für das, was die *middle class* und *upper class* unter richtigem Tee verstehen, muss man: 1) Teewasser in einem Kessel kochen. Niemals – ich wiederhole: niemals! – in der Mikrowelle. 2) Um die Teekanne aufzuwärmen, ein bisschen heißes Wasser in die Kanne schütten. 3) Die Teekanne leeren und fünf Teelöffel losen Earl Grey hineintun. Einen für die Teekanne, einen für Sie, einen für die Queen (Gott beschütze sie), einen für *bonnie Prince Charlie*, „den hübschen Prince Charles", einen für all die armen Engländer in Übersee – an dieser Stelle ein besonderes *cheers* an die 47 Bewohner in *Pitcairn Island* und *Sovereign Base Areas Cyprus!* 4) Das kochende Wasser in die Teekanne schütten und 3 Minuten ziehen lassen. 5) Einen Schuss kalte Milch in die Teetassen gießen und dann den Tee eingießen. Wobei: Hier scheiden sich die Geister, ob *MIF* oder *TIF*, sprich *milk in first or tea in first?* – „Zuerst Milch rein oder zuerst Tee rein?" Hmm. 6) Trinken Sie Ihren Tee unter keinen Umständen etwa gar ohne Milch oder mit Zitrone, Rum oder irgendeiner anderen Zugabe als Milch oder Zucker. Und falls Sie irgendwo gefragt werden, ob sie ihren Tee *weak* oder *strong* mögen, antworten Sie übrigens bloß nicht „*weak*" – sonst bekommen Sie nämlich eine Tasse mit bräunlich gefärbtem, heißem Wasser. Siehe oben, Stichwort *builder's tea!* Obwohl es *cuppa*, also *cup of tea* heißt, wird Tee auch in England nur noch selten im zarten Porzellantässchen mit passender Untertasse getrunken sondern stattdessen im handfesteren *mug* – im Becher. Das hat zur Folge, dass Teetrinken nicht mehr nach Tüdeldü und Eaton Place aussieht, sondern nach bodenständiger, volksnaher *working class* – was glauben Sie, warum der ehemalige Premierminister Tony Blair sich während seiner Regierungszeit am allerliebsten mit einem Becher Tee in der offenen Türe von Downing Street No. 10. ablichten ließ? Eben. Der war ja auch nicht von gestern!

Eine Wissenschaft für sich ist es in England übrigens auch, welchen Keks man zum Tee isst, und wie man diesen so in den Tee tunkt, dass er genau richtig aufweicht aber nicht zu labberig wird und zerbröselt. Es gibt diverse Physiker, die sich der Erforschung der besten Tee-Tunk-Technik verschrieben haben, Tee-Tunk-Websites mit Foren, in denen die perfekte Beschaffenheit des fraglichen Kekses diskutiert wird oder brennende Probleme wie „Was tun, wenn der Keks größer als die Tasse ist?" besprochen werden. Nicht ohne triftigen Grund, wie Berichte der britischen Presse zeigen, laut denen sich mehr als die Hälfte aller Briten schon ernsthafte Verletzungen infolge unprofessionellen Keks-Tunkens zugezogen haben: von Verbrennungen bis zu Zahnausfall reichen die Schäden! Engagierte Kekstunker machen sich für die Einführung eines offiziellen *national biscuit dunking day*, also eines „Nationalen Keks-Tunk-Tages", stark.

Alles, was mit Tee nicht geregelt oder gelöst werden kann, kann übrigens englisches Bier lösen. Wobei wir ganz elegant beim nächsten Thema gelandet wären.

Pubkultur

Schließzeiten, die keine sind, verschimmelnde Ausländer,
Kneipenrunden, Kneipenkriechereien und
25 Worte für „betrunken".

Pubs[23] findet man in England an jeder Ecke. Sie sind in der
Regel viel kuscheliger eingerichtet als deutsche Kneipen: mit
Sofas und Sesseln und tausend gerahmten Bildern an den
dunklen holzgetäfelten Wänden. Besonders gemütliche *pubs*
haben sogar Kamin und Teppichboden! Ein *pub* ist nicht nur
ein Ort, an dem man sich mit ein paar Kumpels abends einen
hinter die Binde kippt, sondern ein Ort, der offen für alle ist.
Daher auch der Name. *Pub* ist nämlich kurz für *public house*,
auf Deutsch: „öffentliches Haus".

Familiy-pubs sind beliebte Samstagmittagsziele für all die,
die Stunden mit dem nölenden Nachwuchs im *gardenmarket*
oder einen verregneten Vormittag am Spielplatzrand eines
Youth League Fußballturniers verbracht haben und sich jetzt
bei einem wohlverdienten *sunday roast* mit *Yorkshire pudding*
erholen wollen. Die Tatsache, dass man dazu auch herrlich
ein Mittagsbierchen zur Brust nehmen kann, ist ein wunder-
barer Nebeneffekt. In sogenannten *olde english pubs*, „alt-eng-
lischen Kneipen", trinkt man besser grundsätzlich nur Bier.
Wer zwischen betagten Einheimischen und einem furzen-

---

23 *Viele Engländer nennen pubs boozer. „Lass uns in den boozer gehen", ist*
neben „Schönes Wetter, nicht wahr?" einer der beliebtesten englischen Sätze.

den Hund nach Prosecco oder ähnlichem Firlefanz fragt, wird bestenfalls tote Blicke ernten und als Schwuchtel *(poof)* klassifiziert. *Gastropubs* sehen zwar so aus, als seien sie *olde english pubs*, servieren aber in Wirklichkeit sowohl Caipi und Sex on the Beach, als auch tatsächlich essbares Essen zu vollkommen überteuerten Preisen. Wer Freude an blinkenden, fiependen Spielautomaten und an gigantischen Flatscreens hat, ist bestens in einem s*ports pub* aufgehoben. Hier bekommt man aufgetaute Snacks und Bier zu Apothekenpreisen, kann aber dafür der englischen Fußballmannschaft fast in Originalgröße beim Verlieren zuschauen.[24]

Chain pubs, „Kettenkneipen", sind das traditionelle Zuhause arbeitsloser Trinker, auf Englisch: *alkies*. Täglich wechselndes Personal und eine Prügelei am späten Abend gehören zum festen Programm. Natürlich gibt es jede Menge weiterer Arten von *pubs*. Auch wenn einige mittlerweile bis 2 oder 3 Uhr geöffnet haben, ist bei den meisten nach wie vor zwischen 23 und 24 Uhr Feierabend – undenkbar für deutsche Kneipengänger![25]

[24] *Achtung übrigens: Viele pubs fühlen sich einem ganz bestimmten Fußballteam zugeneigt. Wenn man zum Beispiel als Arsenal-Fan in einen Tottenham-Pub geht, um sich das Spiel anzusehen, kann das böse enden.*

[25] *Übrigens auch für viele Engländer, weshalb in einigen Kneipen schon seit eh und ja das sogenannte lock-in praktiziert wird – ein Vorgang, bei dem der landlord, der „Wirt", um 23 Uhr schön die Vorhänge zuzieht und die Türe zuschließt, sodass die Gäste unbeobachtet vom strengen Auge des Gesetzes und bisweilen auch zusammen mit ein paar weniger strengen Augen des Gesetzes heiter bis in die Morgenstunden weiterpicheln können.*

Auch sonst gibt es so einige Unterschiede zwischen englischem *pub* und deutscher Kneipe. Es fängt schon mal damit an, dass man als Deutscher leicht an einem *pub*-Tisch verschimmeln kann, denn so was wie Tisch-Service gibt es hier nicht – von irgendwelchen *arty-farty,* also „schickimicki", Londoner *pubs* jetzt mal abgesehen. Sie werden dementsprechend auch keine Getränkekarte auf dem Tisch finden. Wenn Sie wissen wollen, welche Getränke im Angebot sind, müssen Sie aufstehen, zur Bar gehen und auf die Zapfhähne gucken – oder im besten Fall auf die Tafel an der Bar. Und wo Sie schon mal stehen, können Sie auch gleich bestellen. Am Tresen nämlich.

Aber Achtung: Bestellen Sie niemals nur für sich allein, wenn Sie nicht als egozentrische deutsche Kartoffelnase da stehen wollen, sondern für die ganze Runde, mit der Sie da sind. Selbst wenn es sich dabei nur um Exkollegen irgendwelcher Exkollegen handelt oder eine fremde Reisegruppe, die Sie erst vor fünf Minuten kennen gelernt haben, und Sie nicht mal sicher sind, ob die Pappnase mit der komischen Frisur da hinten links überhaupt dazugehört. Runden ausgeben ist in der britischen Kneipenkultur nämlich oberstes Gesetz. Und zwar auch, wenn Sie aus irgendwelchen Gründen selbst kein Bier trinken. Halten Sie sich dran und versuchen Sie nicht mitzuzählen, wer was getrunken, wer zwei Runden oder zehn Runden oder noch gar keine Runde ausgegeben hat und wer den teuren *whiskey* hatte und wer nur *applejuice*. Und zetteln Sie nachher keinesfalls irgendwelche piefigen deutschen Diskussionen über vermeintliche Differenzen an, die es zu begleichen gäbe. Selbst wenn Sie sich

den ganzen Abend an zwei *mineral waters* festhalten mussten, weil Sie der Fahrer der Runde sind – was übrigens im
pub die absolut einzig gültige Ausrede dafür ist, dem Alkohol zu entsagen. Sehen Sie es wie die Engländer, die fest
daran glauben, dass das Universum schon dafür sorgen wird,
dass am Ende die Gerechtigkeit siegt. Und sei es nur, indem
die miesen Abzocker früher an Leberzirrhose sterben als
Sie.

Der Vorteil des Runden-Ausgebens ist, dass immer nur einer
aus einer Gruppe an der Bar anstehen muss – und nicht alle
einzeln. Sich ganz vor dem Gang an die Bar zu drücken, indem Sie jemand anderem das Geld für die nächste Runde in
die Hand drücken, ist aber ein absolutes *no-go!* Sich all die
durcheinander gerufenen Getränkewünsche zu merken, sich
den mühsamen Weg durch die Menge an die Bar vorzuar-
beiten, den toten Blick des Barkeepers zu erhaschen, mit
Wechselgeld rumzufummeln und schließlich mit elf rand-
vollen *pints of lager* zum Tisch zurückzujonglieren, ohne alles
zu verschütten, ist nämlich alles Teil der Abmachung. Er-
fahrene *pub*-Gänger bestellen gleich die erste Runde des
Abends. Erstens stehen dann noch alle in der Nähe der Bar,
sodass man sich den langen Weg spart, zweitens ist das die
einzige Runde, an die sich am nächsten Tag noch jeder erinnert. An dieser Stelle sei darauf hingewiesen, dass Bier – *ale,*
grottiges *lager,* brizzeliges *bitter* oder *Guinness* – grundsätzlich im *pint*[26] und niemals im *half pint* bestellt wird. Ach ja,
und auch nicht als *bottle.* Es sei denn, Sie sind ein Teenager,

26 *1 pint = 0,568 l*

eine Frau, ein Mann in Frauenkleidung oder ein Londo-ner.[27]

Wer schon mal Maßkrüge auf dem Oktoberfest getragen hat, kann sich vorstellen, dass auch das Tragen mehrerer *pints* Bier Kraft sowie eine gehörige Portion Finger-Kinn-Augen-Koordination und Glück erfordert, zumindest wenn Sie mehr Biere tragen müssen, als Sie Arme besitzen. Kurz bevor Ihnen alles zu entgleiten droht, bitten Sie einfach die Umstehenden höflich um Hilfe: *Ey, any of you fuckers want to give me a hand?* – „Hey, kann einer von euch Arschlöchern mir vielleicht mal zur Hand gehen?" Alleine die Aussicht, dass diese sonst gleich elf *pints* Bier auf dem Anzug und keine Extrakleidung haben, dürfte überzeugend genug sein. Schwieriger ist es da schon, die Aufmerksamkeit des Bar-personals auf sich zu lenken. Mit dem sonst überall in Eng-land üblichen Schlangestehen ist es hier nämlich Essig. Und wie ihre deutschen Kollegen sind auch britische Kellner ge-gen Blicke und Winkzeichen total immun – erst recht gegen hörbare Signale wie Räuspern, Rufen, Pfeifen, Finger-schnipsen oder Münzen-auf-den-Tisch-klimpern-lassen. Es sei denn, Sie heißen *Smoggie* oder *Clayhead* und sind ein ein-heimischer *regular*, gehören also zum Inventar, dann dürfen Sie auch lautstark verlangen, dass man Ihnen Ihren *friggin' drink*, ihr „verdammtes Bier", rüberwachsen lässt, bevor das

---

27 *Ach ja, und wo wir über Bier sprechen: Mit ale verhält es sich ähnlich wie mit dem deutschen Pils. Ale-Liebhaber machen ein ziemliches, fast ins Reli-giöse ufernde Gedöns darum, wie und aus welchem Glas ein richtiges ale ge-trunken werden muss und wie man den perfekten Schaum hinkriegt.*

Jüngste Gericht tagt, worauf der Barkeeper zärtlich antworten wird: *„Wotcha, Joe?"* – „Was ist, Joe, hast du kein Zuhause?" (Aber ein einheimischer *regular* sind Sie wohl nicht, sonst würden Sie dieses Buch ja nicht lesen.) Lehnen Sie sich diskret an die Bar, starren Sie den Kellner konstant an und lächeln Sie ihn genau in dem Augenblick, wenn er auf die Kasse zugeht, um dem vorherigen Kunden Wechselgeld zu holen, blitzkriegartig an. Zack! Fall Sie großes Glück haben (oder besonders gut aussehen), wird er zurücklächeln oder die Augenbrauen leicht anheben. Das ist das Zeichen, schnell Ihre Bestellung zu rufen. Schnell – bevor Ihnen der konstant den Kellner anstarrende Nebenmann zuvor kommt.

Apropos Nebenmann: Sehen Sie davon ab, andere Gäste zuzutexten. Es ist definitiv nicht so, dass Ihr Gegenüber darauf brennt, alles über den tragischen Tod Ihres Wellensittichs zu hören. Er will nur in Ruhe sein Bier genießen. Einzige Ausnahme dieser Regel bildet das *pubquiz* – Tradition in fast jedem *pub*. Dabei werden tischweise Teams gebildet, die in mehreren Runden Fragen wie „Wer hat gerade bei X-Factor gewonnen?" schriftlich beantworten und ihre Zettel beim Quizmaster abgeben. Das Team mit den meisten richtigen Antworten gewinnt einen Verzehrgutschein oder eine Runde Gratisgetränke. Das Beste an *pubquizzes* ist jedoch, dass dabei selbst die verschlossensten Engländer auftauen.

Gezahlt wird im *pub* übrigens *cash*, also bar. Es sei denn, man ist in *The Pig* im ostenglischen Edgefield. Da kann man auch mit Kartoffeln, Fleisch oder frischen Makrelen zahlen. Die meisten *pubs* nehmen jedenfalls keine Kreditkarten und falls ausnahmsweise doch, dann wird der Barkeeper dabei

wahrscheinlich so ausgiebig und vorwurfsvoll die Stirn run-
zeln, schnaufen, nach dem Kartenableser suchen, nach dem
Kabel für den Kartenableser suchen, nach dem Kuli suchen,
nach der Kassenbon-Papierrolle suchen, und und und …,
dass Sie sich fühlen werden wie Falschgeld. Was Sie ja genau
genommen auch sind.[28]

Trinkgeld zu geben ist in *pubs* nicht üblich. Tun Sie es, zeigen Sie damit höchstens, dass Sie ein doofer *Kraut* sind, der
die einfachsten Regeln des englischen Pubwesens nicht verstanden hat. Falls Sie das Barpersonal besonders nett oder
attraktiv finden, können Sie ihm aber zum Dank für die
Dienste ein Bier ausgeben. Einfach *And one for yourself* („Und
einer für dich!") sagen und ein weiteres Bier auf die Rechnung setzen lassen. Diese hübsche Sitte führt dazu, dass am
Ende des Abends nicht nur die Gäste total angeschickert
sind, sondern auch das Personal.

An Wochenenden und bei jungen Engländern beliebt sind
pub crawls, „Kneipenkriechereien", bei denen man von Kneipe
zu Kneipe schwankt und am Ende der Nacht auf allen Vie-
ren nach Hause oder in den nächsten Vorgarten kriecht.[29]

---

28 *Ein Tipp meines Bruders: Wenn Sie Ihre Kreditkarte gleich zu Beginn
des Abends beim Kellner hinterlegen und erst am nächsten Morgen rausfin-
den, dass Sie Hunderte von Pfund ausgegeben haben, freut das die Kellner
dann doch.*
29 *Trotz Vollrausch unterscheidet man penibel die verschiedenen Stadien der
Trunkenheit: Bladdered, wankered, fucked, sloshed, slashed, slaughtered,
mullered, mullocked, shitfaced, bollocksed, laminated, pie-eyed, squiffy, three
sheets to the wind, tired and emotional, pissed, ripped, twisted, wasted,
mangled, monkeyed, unbalanced, cunted, squinty, and livery.*

Damit wären wir ganz elegant bei einem anderen Thema gelandet. England hat, um es vornehm auszudrücken, eine gewisse Reputation in Sachen Alkoholgenuss. Mit Engländern ist es so wie mit Dr. Jekyll und Mr. Hyde. Die gleichen Zeitgenossen, die tagsüber so ausnehmend nett, höflich, zurückhaltend und humorvoll sind, können sich nachts, wenn sie genug *booze* („Alkohol") im Blut haben, in krebsrote Monster verwandeln, die lauthals grölend die Städte heimsuchen, Faustkämpfe mit Straßenlaternen und Bäumen anzetteln und hemmungslos in den Rinnstein kotzen und pinkeln. *Bingedrinking*, auf Deutsch: „Komasaufen", nennt das die Presse. Normale Jugendliche nennen es Freitagabend. Tatsächlich geben die Engländer doppelt soviel im Jahr für Alkohol aus wie Deutsche, und Trinken ist eine der beliebtesten Freizeitaktivitäten. Bei 15-jährigen, die mit selbst abgefüllten Plastikflaschen an Bushaltestellen abhängen, ebenso wie bei 40-jährigen Bankern, die auf dem Weg nach Hause irgendwo zwischen dem dritten *Diamond White Cider* und *Buckfast* (Rotwein mit Koffein, hergestellt von der Benediktinerabtei Buckfast) verloren gehen. Dieses Freizeitvergnügen ist mitnichten auf den Abend festgelegt – Engländer trinken auch gerne zwei bis drei *pints* in der Mittagspause, egal ob Managing Director oder nur lausiger Assistent. Überhaupt gibt es für Engländer immer einen Anlass, anzustoßen. *St. Georges Day?* Wer war das nochmal? Egal. Hoch die Tassen Noch 56 Tage bis zu den Ferien? Zum Wohl! Es ist ein stinknormaler Dienstag? *Cheers!* Mittlerweile gilt es als ein ganz normaler Initiationsritus, sich mit 15 Jahren den Magen in der nächstegelegenen Notaufnahme auspumpen zu lassen und das am nächsten Tag dann stolz auf Facebook zu posten. *Cheers!* [30]

Alkohol spielt übrigens auch eine elementare Rolle im Fortpflanzungsvorgang englischer Frauen und Männer – dazu jedoch mehr im Kapitel über das Liebesleben der Engländer.

---

[30] *Cheers sagt man seit ein paar Jahren übrigens auch, wenn man „danke"*
meint. Oder Tschüss. Oder Hallo. Oder – eigentlich immer, wenn sonst nichts
passt.

Das Schulsystem

Morgenappell, sehnlichst vermisste Rohrstöcke, Magic Mushrooms im Luftschutz-Bunker und Nacktbaden mit Pimms.

Wer englische Schulen nur aus sepiafarbenen Spielfilmen kennt, denkt zunächst an dunkle Backsteingemäuer, modrige Holzbänke und steinalte Lehrer mit komischen Hüten. Dabei sind englische Schulen viel moderner: Activeboards, Power-Point-Animationen und ähnliches haben längst schwarze Tafel und Kreide ersetzt. Und neben *Gallia est omnis divisa in partes tres* und Endlos-Lektionen über deutsche Gräueltaten im zweiten Weltkrieg stehen Twitter, Bloggen und Wikipedia auf dem Lehrplan. Allerdings sind englische Schulen deutlich strenger als deutsche. Das fängt schon damit an, dass man als Schüler seine Lehrer nur mit *Miss* und *Sir* (auf Deutsch in etwa: „Herr Lehrer! Frau Lehrerin!") ansprechen darf und sich morgens − noch bevor das Frühstücksporridge verdaut ist − in Reih und Glied in der Schul-Aula *(assembly hall)* aufstellen muss, um zu Klaviergeklimper und schlecht lesbaren Overheadprojektor-Texten christliche Lieder zu singen, Gebete zu sprechen und der Ansprache des Schuldirektors *(headmaster)* zu lauschen.[31]

---

31 … während ein Mädchen rechts vorn in Ohnmacht fällt und die Jungs hinter einem versuchen, mit Summen, Husten, Tritten in die Kniekehlen der Vordermänner oder Pups- und Rülpstöneen mehr Stimmung zu schaffen.

Außerdem müssen englische Schüler, wie erwähnt, Schuluniformen mit Hemd und Krawatte in den Schulfarben tragen. Zum einen, weil ein gepflegtes und diszipliniertes Äußeres automatisch auch das Benehmen gepflegter und disziplinierter macht, und zum anderen, weil damit Markenwahn und sozialer Ungerechtigkeit Einhalt geboten wird. Hofft man. Vor allem aber, weil sich die Schüler dank der unterschiedlichen Uniformen auf dem Heimweg als Zöglinge anderer Schulen erkennen und verkloppen können.

Auch von Seiten englischer Lehrer war Verkloppen lange Gang und Gäbe. Ganze zehn Jahre nachdem Pink Floyd auf ihrer LP „The Wall" *Teacher leave them kids alone* gesungen hatten, und fast zwanzig Jahre später als in Deutschland, wurde 1987 in Englands staatlichen Schulen das *caning*, die körperliche Züchtigung mit dem Rohrstock, verboten. In privaten Schulen geschah das sogar erst im Jahr 1999! Diese Praxis war bei Eltern gar nicht so unbeliebt wie man meinen könnte. Obwohl englische Lehrer auch heute ganz offiziell „maßvolle physische Gewalt" – was immer das sein mag – einsetzen dürfen, plädiert laut Umfragen die Hälfte aller Eltern dafür, die Prügelstrafe an Schulen wieder einzuführen. Die lange Hand des Lehrkörpers reicht in England weit über den Unterricht hinaus. Englische Lehrer können ihre Schüler ohne solchen Firlefanz wie Elternbriefe nachsitzen lassen, wobei der englische Schultag ohnehin schon von der allerersten Klasse an bis in den Nachmittag reicht. Lehrer können Schüler aus der Klasse werfen, durchsuchen und Besitztümer wie Mobiltelefone, MP3-Player, Sexhefte und Zigaretten beschlagnahmen.

Die schlimmste aller Strafen − noch dazu eine Kollektiv-
strafe für alle! − ist aber nach wie vor das mittägliche Schul-
essen *(school dinner)*, das eigens entwickelt wurde, um englische Schüler täglich daran zu erinnern, dass die Welt ein
düsterer Ort ohne jede Hoffnung ist. In der Regel besteht es
aus einem Stück frittierten Fleisch, zwei optisch nicht zu un-
terscheidenden Gemüsesorten mit Aluminium-Beige-
schmack und einem Nachtisch, der nicht selten als das
schrecklichste Erlebnis der Schulzeit im Gedächtnis bleibt.
Mein persönliches Waterloo war Vanillepudding *(custard)*
mit einer kalten Haut, die so dick war, dass der Löffel von
alleine drin stehen blieb. An dieser Stelle noch mal ein
„Danke" an die Kantine der Fishbourne Primary School!
Eine andere bei Schülern gefürchtete Spezialität heißt *tapi-
oca pudding*: eine Art klumpige, reismilchartige, grünliche
Gelatine mit dem hübschen Kosenamen *frogspawn*, „Frosch-
laich". Sie schmeckt nach Tapetenkleister und eignet sich −
wie auch die *cannonball peas* („Kanonenkugel-Erbsen") −
prima dazu, mit einem Löffel an die andere Seite des Raums
geschossen zu werden. Der Lichtblick aller Schulnachtische
war viele Jahrzehnte lang der zutiefst englische *Battenburg
cake*, eine Art Schwamm in neonfarbenem Schachbrett-
Muster mit einer zwei Zentimeter dicken Zuckermarzipan-
Umhüllung. Er wurde jüngst aus dem Verkehr gezogen, weil
er ausschließlich aus Lebensmittelzusätzen besteht, die angeblich bei Kindern Hyperaktivität auslösen. Bei mir löste er
seinerzeit ausschließlich tiefe Glücksgefühle aus.
Die meisten englischen Schüler entwickeln im Laufe der
Jahre erstaunliche Fertigkeiten darin, die ungenießbarsten

school-dinner-Speisen in einem unbeobachteten Moment auf den Teller des Nachbarn zu schaufeln, in die Serviette zu wickeln oder auf dem Luftweg (siehe oben) zu entsorgen. Wer wohlmeinende Eltern hat, kann statt in der Schulkantine zu speisen, eine Lunchbox mit aufgeweichten Käse-Gurkensandwichs und oxidierten Apfelstückchen von Zuhause mitnehmen. Dank des unermüdlichen Kreuzzugs von Starkoch Jamie Oliver haben einige englische Schulkantinen mittlerweile tatsächlich die Existenz von Salat zur Kenntnis genommen.[32]

Verdauungsstörungen geistiger Art löst das englische Bildungswesen mit seiner schier unübersehbaren Zahl von Differenzierungen aus: *First School, Middle School, High School, Primary School, Secondary School, Prep School, Sixth Form College, Tertiary College, Infant School, Junior School, Junior Comprehensive School, Comprehensive School, Senior Comprehensive School, Grammar School, Independent Scholl, Public School, Secondary Grammar School, Secondary Modern School, GCSE's, A-Levels* … Klingt alles furchtbar verwirrend, liegt aber wie immer nur daran, dass die Engländer – ich erwähnte es bereits – zu viele Worte für ein und dieselbe Sache haben. Eigentlich ist nämlich alles ganz einfach: Mit fünf Jahren kommt jedes englische Kind in die Primarschule. Sieben Jahre später in die Sekundarschule, die in der Regel eine Gesamtschule *(comprehensive school)* ist. Dort absolviert es ent-

---

weder im Alter von 16 das *General Certificate of Secondary Education*, kurz *GCSE*. Bei dieser Prüfung handelt es sich nicht um eine allgemeine Abschlussprüfung wie sie in Deutschland üblich ist, sondern um eine Einzelfachprüfung. Wer das *GCSE* in fünf Fächern seiner Wahl macht, hat so etwas wie die Mittlere Reife, und wird dann wie auch in Deutschland Frisör, Automechaniker oder Arbeitsloser. Drückt man zwei Jahre länger die Schulbank und erwirbt mit 18 Jahren in mindestens drei Fächern das *Certificate of Education at Advanced Level*, kurz *GCE A-Level*, hat man so etwas wie das deutsche Abitur in der Tasche.

Sowohl die Primarschule als auch die Sekundarschule können staatlich oder privat betrieben sein. Berühmt ist England für seine elitären Privatschulen, die verwirrenderweise *public schools*, also „öffentliche Schulen", heißen, obwohl sie natürlich privat finanziert werden. Sie heißen *public schools*, weil sie ursprünglich dazu gedacht waren, nicht nur adligen Kindern, sondern auch Kindern aus armen Verhältnissen eine Chance auf Bildung zu geben. Die bekannteste Privatschule der Welt heißt Eton. Das 1440 von King Henry VI gegründete *college* liegt westlich von London im Schatten des Windsor Castle und sieht exakt so aus, als hätten sich Hogwarts und der Club der toten Dichter zusammengetan – nur größer. Die Liste der ehemaligen Schüler liest sich wie ein Who is Who aller Könige, Prinzen, Premierminister und *upper class*-Angehörigen der englischen Geschichte, von Winston Churchill über George Orwell bis hin zu Prince William und Prince Harry. Selbst der amtierende Premierminister David Cameron ist ein Etonian, was ihm als volksnahem Politiker natürlich irgendwie schrecklich peinlich ist. Und weshalb er sein Bestes versucht, seinen schicken Akzent wegzunuscheln, Hemden ohne Krawatte trägt, mit dem Fahrrad zur Arbeit fährt und ostentativ Indie-Musik hört. Kein Wunder: Eton litt lange unter dem Ruf, selbst die blödesten unter den aristokratischen Kindern durch die *A-levels* zu schleusen und ihnen einen Studienplatz in Oxford oder Cambridge zu sichern.[33] Dabei ist es längst nicht mehr so, dass nur Söhne reicher Eltern, die schon bei der Geburt angemeldet wurden, Zugang zu Eton haben. Mittlerweile zählen ausschließlich die schulischen Leistungen, sodass auch Jugendliche, die in ihrer Freizeit mit hochgeklappten *hoodies* („Kapuzen") und fetten Kopfhörern in Tottenhamer Garageneinfahrten abhängen, herzlich willkommen sind. Falls ihre Eltern jährlich etwa £23.000 (ca. 27.000 Euro) auf den Tisch legen können. Oder sie zu den siebzig Glücklichen gehören, die jedes Jahr ein Stipendium bekommen. Die Ausbildung in Eton ist dann tatsächlich vorbildlich – wenn man sie überlebt.

Das erste, was man als Eton-Schüler ausklamüsern muss, sind die seltsamen Bezeichnungen für einfach alles: Semester heißen *halfs* – „Halbe", Lehrer sind *beaks* – „Schnäbel", „Riesennasen" oder „Richter", je nach Belieben. Klassen sind

---

33 *Vollkommen zusammenhanglos und nur am Rande soll hier erwähnt werden, dass eine gewisse Sarah Forsyth, eine mittlerweile entlassene Lehrerin, vor einigen Jahren zu Protokoll gab, dem offenbar allenfalls mittelmäßigen damaligen Eton-Schüler Prinz Harry bei einem Test die Antworten gegeben und somit zu der Note B verholfen zu haben.*

nicht nach Zahlen, sondern nach Blöcken sortiert, will heißen ein Schüler in der neunten Klasse ist in Eton-Sprache in *block F*. Die Häuser, in denen jeweils fünfzig Jungen zusammen wohnen, haben Namen wie Bekyntron, Hopgarden, Godolphin oder Hawtrey. Der Schuldirektor trägt den Spitznamen *Grue* – der Sage nach ein gruseliges, im Dunkeln lauerndes Etwas, das in den schwärzesten Grüften der Erde lebt und dessen Fängen bislang niemand entkam. Es wird einleuchtende Gründe für diesen Namen geben … Aber warum heißt das Cricket-Feld *sixpenny*? Und wieso trägt der Schulkalender den unheilvollen Namen *abracadabra*? Weshalb nennt man den Laternenpfahl vor dem Gebäude *burning bush*? Weshalb der Luftschutz-Bunker am Fuß des Gartens *nostril* – „Nasenloch" – heißt, bleibt so lange ein Rätsel, bis man entdeckt, dass man dort wunderbar verschwiegen zwischen staubigen, alten Sesseln und Kerzenstummeln zu Reggaeklängen Koks, Grass, Magic Mushrooms, Bier und Wodka zu sich nehmen kann. Länger dauert es bis man versteht, was die Abkürzung *GTF* bedeutet. So lange, bis am Ende eines Schuljahres die Notendurchschnitte errechnet werden und der Schüler, der am schlechtesten abgeschnitten hat, offiziell und öffentlich mit dem Titel *General Total Failure* ausgezeichnet wird – als „Allgemeiner, totaler Versager" also. Lebenswichtig ist die Beachtung bestimmter Regeln: Welche Klassen dürfen den Rasen betreten? Wie grüßt – auf Etonisch: *cappt* – man einen zufällig vorbeigehenden Lehrer? Wie viele Knöpfe muss man in welcher Anordnung im welchem Schuljahr zuknöpfen oder auflassen? Jaha – als Etonian jeden Tag mit Frack,

Weste, Hals-Kragen, Nadelstreifen-Hose und einer weißen Krawatte über das Schulgelände zu spazieren, das will verdient sein!

Zu den obskuren Traditionen englischer Privatschulen gehörte es früher, dass jüngere Schüler älteren Schülern als Diener *(fag)* zur Verfügung zu stehen hatten und von diesen gelegentlich mit Ruten, Peitschen oder der flachen Hand gezüchtigt werden durften – Odenwald lässt grüßen. Damit ist es heutzutage vorbei. Schülerinnen gibt es auf der reinen Jungen-Schule Eton selbstredend nicht, die weibliche Präsenz beschränkt sich auf eine Handvoll *beaks,* sogenannte *maids,* „Mägde", die die Betten machen und das dreckige Sportzeug waschen, und *dames,* „Damen", die Schülern mit Schüttelfrost und 40° Fieber einen Löffel Medizin und einen aufmunternden Klaps auf den Hinterkopf geben. Im frühen 19. Jahrhundert unterhielt das College vorübergehend ein schulinternes Bordell für die Oberstufe, welches in der prüden und sittenstrengen Regierungszeit von Königin Viktoria schleunigst wieder abgeschafft wurde. Seitdem setzt man zum Abbau von überschäumenden Hormonen und unheilsamen sexuellen Energien auf Sport.

Eine Möglichkeit, leidenschaftliche Berührungen und schmerzliche Körperverletzungen zu verbinden, bietet seit zweihundert Jahren das sogenannte *Eton Wall Game:* Ein riesiger Knäuel von Schülern klebt an einer Mauer, wobei sich alle um einen in der Mitte des Knäuels befindlichen Ball kabbeln. Eine undefinierbare Hälfte des Pulks versucht, der anderen undefinierbaren Hälfte des Pulks diesen Ball abzuluchsen, um ihn dann in ein Ziel – auf einer Seite ein Gartentor, auf der gegenüber liegenden Seite ein Baum – zu befördern. Nicht nur ist das seit dem Jahr 1909 niemandem gelungen – auf der Homepage des Eton College räumt man auch freimütig ein: *Few sports offer less to the spectator* – „Wenige Sportarten haben dem Zuschauer so wenig zu bieten." Na denn. In Sachen Brandwunden, Quetschungen und Knochenbrüche konnten dafür schon jede Menge Rekorde verbucht werden.

Wer die englische Sekundarschule bis zur Matura überlebt, geht nach *Oxbridge* – so lautet die englische Bezeichnung für die beiden rivalisierenden Top-Universitäten Oxford und Cambridge. Dort wird er, nebst dem Genuss von Rudern, Nacktbaden, Pimms-Trinken[34] und ausufernden Studentenpartys, sein *bachelor's*, *master's* oder *doctorate* machen – und dann direkt in die englische Führungsschicht einsteigen. Alternativ geht man auf eine stinknormale Uni, macht ohne den ganzen elitären Pillepalle sein *bachelor's*, *master's* oder *doctorate* – und geht anschließend direkt zum Arbeitsamt.

Als Abgänger einer privaten Eliteschule wird man natürlich niemals damit protzen, dass man auf einer privaten Eliteschule war, das verbietet schon die englische Neigung zum bescheidenen Understatement. Ja, selbst beiläufige Formulierungen wie „Ach, wo wir gerade über Fallobst sprechen, also … als ich damals auf der Privatschule war …" sind tabu.

---

34 Pimms ist ein wunderbar süffiger Kräuterlikör auf Gin-Basis, in den unbedingt Seven-up-Limonade und eine Gurkenscheibe gehören. Erfunden wurde das Getränk vom Londoner Barbesitzer James Pimm, der es als Verdauungshilfe anbot.

Natürlich gibt es gewiefte Methoden, trotzdem raushängen zu lassen, was für ein toller Hecht man doch ist. Man könnte lässig die alte Schulkrawatte im Bett tragen und auf dem Wandkalender im Büro den 4. April, den Geburtstag des Eton-Patrons King George, rot umkringeln. Oder ganz nebenher auf dem Weg zum Bäcker oder zum Postamt den traditionellen *boating song* vor sich hinsummen. Als Abgänger einer stinknormalen Schule wird man hingegen sein Bestes tun, um den Eindruck zu erwecken, man habe eine elitäre Ausbildung genossen, was selbstverständlich schon an der nicht korrekten Aussprache der Worte *Eton, Oxford* oder *Cambridge* kläglich scheitern wird.

Das Verkehrswesen

Superkreisel, Marmeladensandwichs im Rückspiegel, die härteste Taxifahrerprüfung der Welt und die falsche Sorte Schnee.

Wenn Sie als Deutscher auf englischen Straßen unterwegs sind, werden Sie häufig das Gefühl haben, dass außer Ihnen ausschließlich fahrerlose Geisterautos unterwegs sind. Aber lassen Sie sich vom ersten Eindruck nicht verunsichern. Der Typ auf dem Beifahrersitz des entgegen kommenden Wagens ist der Fahrer! Und die Frau neben ihm auf dem Fahrersitz, die telefoniert und sich die Nägel macht, ist die Beifahrerin! Besonders furchteinflößend für nicht an den Linksverkehr gewöhnte Autofahrer sind die fröhlich und offenbar völlig willkürlich nach Lust und Laune aneinander gereihten *roundabouts*, „Verkehrskreisel". Keine Bange, das Prinzip ist ganz einfach: Jeder fährt linksherum (!) um den Kreisel, bis er seine gewünschte Ausfahrt anhand der Beschilderung ausfindig macht (das kann ein paar Umdrehungen dauern) und sich dann im mehrspurigen Linksrum-Kreisverkehr nach links (!) durch die anderen kreisenden Autos durchwurstelt, um raketenartig nach links (!) durch eine Lücke hindurch auf die linke (!) Fahrspur oben genannter Ausfahrt zu schießen. Das gelingt nicht allen Kontinentaleuropäern ohne in die Böschung abzubiegen. Unbedingt weiträumig umfahren sollte man als Nichtengländer sogenannte *magic roundabouts*, quasi „Superkreisel". Die zeichnen sich dadurch aus, dass man in zwei verschiedenen Rich-

tungen herum fährt, und an jeder Ausfahrt ein weiterer
Kreisel ist.[35]

Besonders spannend wird die Sache, wenn – gar nicht so selten übrigens – direkt nach dem letzten Kreisverkehr, ein
Fußgängerüberweg *(pedestrian crossing)* folgt, den garantiert
gerade eine Oma mit Einkaufswägelchen überquert, wenn
Sie schweißgebadet aus dem Kreisel hervorschießen. Skurri-
lerweise haben Sie dann als einbiegendes Auto Vorfahrt,
selbst wenn die Oma ganz offiziell grün hat. Überhaupt
scheinen Ampeln lediglich eine beratende Funktion zu haben.[36] Viele englische Autofahrer gehen nach der Devise vor:
Grün = Fahren, Gelb = Fahren, Rot = unbedingt versuchen
noch zu fahren, und nur im äußersten Notfall anhalten, also
falls man gerade einem Passanten über den Fuß gefahren
ist.

Auch Zebrastreifen haben in England keinerlei Funktion –
sollten Sie als Fußgänger frecherweise versuchen, einen Zebrastreifen vor einem heranfahrenden Auto zu überqueren,
werden Sie vom Fahrer wahrscheinlich mindestens aufs

---

35 Aus insgesamt fünf zusammenhängenden Kreiseln besteht der Superkrei-
sel in Swindon – er wurde zur einer der meistgefürchteten Kreuzungen in
Großbritannien gewählt. Getoppt wird er nur noch von der sogenannten
Spaghetti-Kreuzung in Birmingham, die ihren Namen zu Recht trägt.
36 Engländer finden es an Deutschen immer wieder überaus erheiternd,
dass diese an Ampeln stehen bleiben, selbst wenn weit und breit kein Auto zu
sehen ist. In England gilt Bei-Rot-über-die-Ampeln-Gehen quasi als Nati-
onalsport. Man geht sowohl dann über die Straße, wenn kein Auto in Sicht
ist, als auch, wenn eine Autokolonne direkt vor der Nase vorbei brettert und
man ernsthaft Gefahr läuft, beim ersten Schritt niedergemäht zu werden.

Gröbste beschimpft werden. Für nicht lebensmüde Fußgänger ist es in England daher noch wichtiger als in Deutschland die Regel „erst links schauen, dann rechts!" – ach nee, hier natürlich „erst rechts schauen, dann links!" – zu beherzigen.

Davon abgesehen geht es auf englischen Straßen deutlich beschaulicher zu als auf deutschen Straßen. In Ortschaften sind zwar theoretisch dreißig Meilen pro Stunde erlaubt (das entspricht 48 Stundenkilometern), praktisch machen uralte Straßenbeläge, Schlaglöcher und sogenannte *sleeping policemen,* „schlafende Polizisten (= Bodenschwellen), die Ihre Bandscheiben schon bei Schritttempo zusammenstauchen, Geschwindigkeiten über 24 Stundenkilometer sehr unwahrscheinlich. So schnell war man auch schon vor hundert Jahren mit der Pferdekutsche unterwegs. Auf einspurigen Schnellstraßen beträgt die Höchstgeschwindigkeit immerhin 96 km/h, auf zweispurigen Schnellstraßen *(dual carriageways)* sowie auf den meist dreispurigen Autobahnen *(motorways)* sogar 113 km/h. Auch das ist natürlich nur theoretisch so, denn viele Baustellen *(road works),* die weite Strecken englischer Straßen in Form von Absperrungen, Umleitungen, Warnhütchen, Mobil-Klos und Tee trinkenden Männern in leuchtenden Jacken lahm legen, bremsen den Verkehr zuverlässig auf Schrittgeschwindigkeit. Dabei orientieren sich die Straßenarbeiter in Sachen Arbeitstempo offenbar an den alten Römern, die in jahrhundertelanger, liebevoller Handarbeit die ersten englischen Straßen bauten. Straßenarbeiten sind in jedem Fall langwierig, manchmal so langwierig, dass der erste Trupp seine Werkzeuge noch nicht eingepackt hat, wenn schon die nächsten Straßenarbeiter anrücken.

Auch *traffic jams* legen viele Verkehrsstrecken lahm. Das sind nicht etwa Marmeladen, die im Verkehr gereicht werden, sondern schnöde Verkehrsstaus. Wer wie ich schon einmal den blauäugigen Versuch gestartet hat, von London aus einen spontanen Ausflug an die englische Südküste zu machen und bereits auf der ringförmigen M25 drei Stunden für die ersten zehn Meilen brauchte, weiß, wo die Engländer ihren stoischen Gleichmut hernehmen. Tatsächlich sind englische Autofahrer, abgesehen vom oben erwähnten unorthodoxen Ampelverhalten, recht entspannt und zurückhaltend. Zuweilen zu entdeckende, dicht auffahrende, dauerlichthupende Raser mit Schaum vor dem Mund – sind nicht selten deutsche Touristen.

Diese machen gelegentlich mit englischen Blitzampeln Bekanntschaft: riesigen, knallgelben Kisten, die dankenswerterweise schon aus weiter Ferne zu erkennen sind. Auch wenn Sie beim Blick in den Rückspiegel bemerken, dass Sie von einem Marmeladen-Sandwich verfolgt werden, auf dem in riesigen Buchstaben *POLICE* steht, sollten Sie vorsichtshalber die Geschwindigkeit drosseln. Obwohl die weißen Polizeiautos mit dem roten Querstreifen in England den niedlichen Namen *jam-sandwich* tragen, sind die darin sitzenden Polizisten meistens nicht besonders süß. Und sie haben nichts mit den netten *bobbies* aus Schulbüchern gemein, die auf Fahrrädern über kopfsteingepflasterte Straßen fahren, alten Damen über die Straßen helfen oder den Weg zum *Big Ben* weisen. Einen Hinweis gibt diesbezüglich die in

England übliche Bezeichnung für Polizist: *pig*, ich übersetze: „Schwein". Von härterem Kaliber sind auch englische *traffic wardens,* zu Deutsch: „Politessen". Eine Minute unerlaubtes Parken und sie sind *hey presto* – „schwupps" – zur Stelle und bitten zur Kasse. *Traffic wardens* verstehen sehr wenig Spaß. Wie wenig, erfuhr jüngst ein Frisör aus Brighton, der zu Werbezwecken einen hölzernen Spielzeugbus vor seiner Ladentüre abstellte. Wenige Minuten später kassierte er ein Ticket in Höhe von siebzig Euro. Generell geht es auch bei kleinen Parksünden nicht um Beträge von fünf, zehn oder zwanzig Euro, wie sie in Deutschland bei vergleichbaren Verstößen üblich sind. Unter umgerechnet fünfzig bis hundert Euro kommt man in England selten weg. Wer zudem das Pech hat, eine Parkkralle ans Auto geheftet zu bekommen, kann bis zu 650 Pfund, also 775 Euro, für das Lösen derselben zahlen. Was es kostet, wenn man von einem *recovery lorry,* einem „Abschleppwagen", abgeschleppt wurde, möchten Sie nicht wissen. Lassen Sie sich einfach niemals von einem *recovery lorry* abschleppen. Immerhin bekommt man, wenn man innerhalb von vierzehn Tagen zahlt, 50% Skonto, sodass man am Ende fast noch dankbar dafür ist, statt zum Beispiel hundert Euro nur fünfzig Euro für eine halbe Minute Parkzeitüberziehung gezahlt zu haben. Umgekehrt erhöht sich der Betrag um ein Vielfaches, wenn man sich mit dem Zahlen Zeit lässt. Weil man im Urlaub war als der Bußgeldbescheid kam, oder der schusselige Postbote ihn versehentlich in Nachbars Briefkasten geworfen hat. So kann man innerhalb weniger Wochen arm werden. Mein in London lebender Bruder kam auf diese Weise vor einigen

Jahren zu fünfzig Bußgeldbescheiden im Wert von insgesamt £ 2000, die sich – von ihm völlig unbemerkt – im Lauf von vier bis fünf Monaten im nachbarlichen Mülleimer angesammelt hatten. Wegen eines falsch geparkten Scooters, an den nicht einmal ein einziger Bußgeldbescheid geklebt worden war. Alleine in den 14 Tagen, die es dauerte, eine Beschwerde beim zuständigen Verkehrsamt einzureichen, erhöhte sich die Summe noch mal auf den stolzen Betrag von £ 3500 Pfund. Am Ende einigte man sich auf ein geringeres Strafgeld. Drei Monate zäher Verhandlungen mit den Beamten haben allerdings im ehemals dunkelbraunen Haar meines Bruders sichtbare Spuren hinterlassen.

Einen legalen Parkplatz zu finden ist in englischen Städten nicht wirklich leicht. Auf Straßen mit zwei durchgehenden roten Streifen am Straßenrand, sogenannten *red routes,* darf man keinesfalls halten. Auf Straßen mit zwei durchgehenden gelben Streifen darf man nur zum Ein- und Aussteigen oder zum Be- und Entladen halten. Auf Straßen mit einem durchgehenden gelben Streifen darf man nur zu bestimmten, sehr undurchsichtigen Tageszeiten halten: zum Beispiel jeden dritten Sonntag zwischen 4 und 5 Uhr morgens. Achtung: Wer auch nur mit einem einzigen Reifen nur einen einzigen Zentimeter auf einem Streifen steht, ist dran. Vereinzelt gibt es auf den sehr rar gesäten öffentlichen Parkplätzen Automaten, in die man eine Münze einwirft und dafür ein Zettelchen bekommt, das man sichtbar an der Windschutzscheibe befestigt. *Pay and display* heißt das Prinzip in England – „Zahle und zeige vor". Hat man die vorgeschriebene Zeit auch nur um ein Minimum überschritten, handeln die zuständigen *park attendants*, „Parkwächter", blitzschnell nach dem Prinzip „Sieh und schreibe auf". Kurz: Es ist, zumindest in größeren englischen Städten, schier unmöglich, längere Zeit ohne irgendein Knöllchen davonzukommen. Jüngst kursierte die Nachricht von einem Polizisten, der ein Knöllchen bekam, weil er an einer Unfallstelle seinen Einsatzwagen nicht vorschriftsmäßig abgestellt hatte. Vermutlich schaffen es nicht mal die Straßenarbeiter, die die Parkverbotslinien aufmalen, ihre Wagen abzustellen, ohne umgehend ein Ticket zu kassieren. Wer das Glück hat, irgendwo einen Parkplatz ohne irgendwelche Beschränkungen[37] zu ergattern, wird ernsthaft überlegen, den Rest seines Lebens zu Fuß zu gehen anstatt den Wagen noch einmal von dort wegzubewegen.

Kompromisslos reagiert das englische Gesetz übrigens auch, wenn es um Alkohol am Steuer geht, obwohl (oder weil) *drink and drive* eine Freizeitbeschäftigung ist, die sich in England besonders auf dem Land ebenso großer Beliebtheit erfreut wie in Deutschland. Wer mit 0,8 Promille erwischt wird, bekommt ein einjähriges Fahrverbot und eine saftige Geldstrafe aufgebrummt. Wer noch mehr getankt hat, kann sogar hinter Gittern landen.

Wenn Sie morgens zerzauste Menschen in gestreifter Kleidung hinterm Steuer sehen, sind das freilich keine entflohenen Häftlinge, sondern Eltern in Schlafanzügen, die ihre

---

37 *Vielleicht im äußersten Norden Englands, auf Piel Island vor der Furness-Halbinsel in Cumbria? Aber die Hand würde ich dafür nicht ins Feuer legen.*

Kinder zur Schule fahren. *School runs* nennt man diese Sitte, die noch gar nicht so alt ist und sich möglicherweise deshalb eingebürgert hat, weil die britischen Medien der Bevölkerung seit Jahren weismachen, dass jeder Mann, der älter ist als 16, ein Kindsentführer sein könnte und man nicht einmal mehr den Fahrern von Schulbussen über den Weg traut. Vielleicht liegt es aber auch daran, dass Engländer trotz aller Herausforderungen wahnsinnig gerne Auto fahren und das, wann und wo sie nur können. Achten Sie darauf, wenn Sie durch England reisen: Sie werden überall Familien sehen, die am Wochenende ins Grüne fahren und selbst in atemberaubender Umgebung – zum Beispiel in Hampstead Heath, Devon oder Stonehenge – direkt neben ihren Autos picknicken, den Blick unverwandt aufs Fahrzeug gewandt. Andere steigen gar nicht erst aus, sondern kurbeln die Fenster hoch und machen auf den Wagensitzen zusammen gepfercht ein Nickerchen. Was sie dann „*a lovely day in the open*" nennen: „einen wunderschönen Tag in der Natur".

Autofahrer sollten für alle Fälle ein paar grundlegende Vokabeln kennen, wenn Sie sich an der Tankstelle oder bei der Verkehrspolizei nicht blamieren wollen:

boot: „Stiefelraum" heißt in England der Kofferraum. War hier mal der Ort, um Stiefel aufzubewahren – um dann in Strümpfen zu fahren? Da wir gerade bei Kleidung sind: Wenn der Tankwart sie bittet, ihr *bonnet* zu öffnen, meint er nicht Ihre Mütze, sondern Ihre „Motorhaube".

gear lever: „Schaltknüppel" sind hierzulande noch weit verbreitet. Nur Rentner, Ganzkörpergelähmte und Deutsche lassen sich in England in einem Automatikfahrzeug sehen.

glovebox: Das Fach vorne links, in dem man höchstens alte Kaugummis und Bonbonpapiere aufhebt. Autopapiere *(log book)* und Führerschein *(driver's license)* muss man in England nämlich erfreulicherweise gar nicht immer mitführen. Es reicht, wenn man sie, falls man kontrolliert wird, innerhalb der nächsten sieben Tage in irgendeinem Polizeirevier vorzeigt. (Falls Sie die Queen sind, dürfen Sie selbstverständlich ohne jemals eine Führerscheinprüfung gemacht zu haben in Ihrem Rolls Royce Phantom IV oder Jaguar in Balmoral, Windsor oder Sandringham herumbrausen wie der Henker.)

hood: Das lose Autodach, das in England beim ersten Sonnenschein im Februar aufgerissen wird.

hooter: Hupe. Achtung: Wird von *hooters* in der Mehrzahl gesprochen, handelt es sich vermutlich wie im Deutschen um weibliche Brüste.

indicator: Blinklicht. Es langt in England völlig, wenn Sie den beim Abbiegevorgang leicht mit dem Finger antippen. Der Typ hinter Ihnen sieht es ja wohl früh genug, wenn Sie einen U-Turn machen. Auf der Autobahn wird Blinklicht grundsätzlich nicht benutzt.

L-plate: Ein großer Aufkleber mit einem großen L zeigt an, dass ein *learner,* ein „Fahranfänger", im Wagen sitzt. Und die nächsten drei Stunden im Schneckentempo vor Ihnen herkriechen wird.

Im Zentrum Londons darf man zwar Auto fahren, muss allerdings eine sogenannte *congestion charge,* auf Deutsch: eine „Stau-Gebühr", von £10 bezahlen. Was einem erspart bleibt, wenn man das flächendeckende Netz der Londoner *under-*

ground nutzt. Schon 1890 fuhr die erste elektrisch betriebene U-Bahn auf dem Streckenabschnitt zwischen Stockwell und King William Street. Allerdings übte sich die Londoner Bevölkerung zunächst wegen der steilen hölzernen Rolltreppe, die in die Tiefe führte, in vornehmer Zurückhaltung. Der Legende nach wurde im Jahr 1911 schließlich ein gewisser Bumper Harris eigens angestellt, um tagelang auf der Treppe auf und ab zu fahren und so ihre Sicherheit zu beweisen. Ein gewisser Mut gehört auch heute noch dazu, die *tube,* wie die Londoner ihre U-Bahn nennen, zu betreten. *Tube* heißt übersetzt „Schlauch" – ein durchaus treffender Ausdruck für die Mühen, die mit dieser Art der Fortbewegung verknüpft sind. Die *tube* ist nicht nur das größte unterirdische, sondern auch das unzuverlässigste Verkehrssystem der Welt. Es beginnt schon damit, dass Sie nie sicher sein können, wo sie genau landen werden, nachdem Sie die *Oystercard* unter den strengen Blicken der *underground* Aufsicht entwertet haben und auf der Rolltreppe in die feuchtwarmen Katakomben Londons hinab gefahren sind. Kaum haben sie nämlich einen Zug bestiegen, wird eine metallische Stimme Sie informieren, dass die Bahn heute leider nicht an der Station hält, an der Sie aussteigen wollten. Oder vielmehr: Die Stimme wird versuchen, Sie über diese Fahrplanänderung zu informieren, es aber nicht schaffen, denn meist ist die Durchsage unmöglich zu verstehen oder sie kommt erst, wenn Ihre Bahn nach halbstündigem Stillstand gerade wieder Fahrt aufgenommen hat. Immerhin haben Sie dann ein paar Sekunden Zeit, eine alternative Fahrtroute austüfteln: „Hmm. Bei der nächsten Haltestelle raus, dann Zug wechseln, dann zwei Haltestellen, dann zu Fuß zum Bus rüber, dann zwei Stationen, dann die restlichen fünf Kilometer zu Fuß … ? Müsste hinhauen!" Täte es auch, wenn die alternative Fahrt nicht schon an der nächsten Station wieder zum abrupten Halt käme. Was erneutes Taktieren erfordert. „Warte mal: Wenn ich den Zug zur Kings Cross nehme und von da umsteige in … die Northern Line?" Haha, Überraschung! Fällt heute ganz aus. „Na gut. Ich könnte auch von der Goodge Street Station aus zu Fuß …" Das Gute daran ist: Sollten Sie tatsächlich am Ziel ankommen, irgendwie, irgendwann, werden Sie sich großartig fühlen. Als hätten Sie im Lotto gewonnen. Oder eine gefährliche Krankheit überlebt.

Tube Challenge, „Herausforderung Tube", heißt ein Sport, der 1961 zum ersten Mal im Guinness Book of Records Erwähnung fand. Die Aufgabe: Alle 275 Stationen der London Underground in einem Rutsch und in der kürzest möglichen Zeit abzufahren. Der Rekord liegt bei 18 Stunden und 25 Minuten − und wird von zwei Schweden gehalten. Die hauptsächliche *challenge* besteht natürlich in der totalen Kenntnis des Streckennetzes und des Zeitplans, denn auch wenn man die perfekte Streckenführung theoretisch per Computer ausrechnen kann, lässt sich nie voraussehen, welcher Zug wohl heute wieder umgeleitet wird, Verspätung hat oder ganz zusammenbricht (siehe oben).

Manche Züge sehen wirklich so aus, als würden sie gleich zusammenbrechen − was daher kommt, dass sie schon sehr, sehr alt sind. Manchmal brechen statt der Züge aber auch die Reisenden zusammen. Womöglich, weil sie schon so lange auf ihren Anschlusszug warten, dass auch sie mittlerweile sehr, sehr alt sind. Oder weil es Hochsommer ist und die Temperaturen in der U-Bahn dann, wie Wissenschaftler vor ein paar Jahren feststellten, eigentlich sogar für Tiertransporte unzulässig wären. Ein Team von forensischen Medizinern – das sind die, die in Krimis alles erledigen müssen, was unappetitlich ist – hat vor einiger Zeit eine Sitzreihe der *central tube line* abgeschraubt, ins Labor verfrachtet und unter die Lupe genommen. Das Ergebnis: vier Sorten von Haar (Mensch, Hund, Ratte, Maus), sieben verschiedene Insekten (überwiegend lebende Flöhe), Sperma und der Wissenschaft bisher unbekannte Pilzarten. Erbrochenes von mindestens sieben, Urin von mindestens vier Personen! Tss. Dafür könnte man ja nun wirklich die gekachelten *pedestrian walkways* (Fußgänger-Unterführungen) benutzen!

Die Tube ist darüber hinaus eine beliebte Selbstmord-Location, was zur Folge hat, dass sehr viele der nuscheligen Ansagen versuchen, auf nette Weise mitzuteilen, dass gerade jemand überfahren wurde. Je nach sprachlicher Kreativität des Ansagers erfahren Passagiere dann: „Die Weiterfahrt verzögert sich aufgrund einer außerplanmäßigen Störung" oder „Die Fahrt verzögert sich aufgrund einer spontan behinderten Person." An dieser Stelle möchte ich nicht versäumen zu erwähnen, dass die Tube sich ihren Strom aus den Schienen holt. Wer also unachtsamerweise die Gleise betritt, riskiert nicht nur, völlig unbeabsichtigt das Zeitliche zu segnen, sondern stirbt im Falle des Falles auch noch mit einer ziemlich unvorteilhaften Frisur.

Wundern Sie sich nicht, wenn die Ansage während der Fahrt fordert: *Alight here for Madame Tussauds*. Das heißt nicht, dass Sie in Flammen aufgehen oder ihre Taschenlampe schwenken sollen. Es heißt nur, dass sowohl das britische Fremdenverkehrsamt als auch die Vereinigung der Londoner Taschendiebe Sie herzlich einladen, an der nächsten Haltestelle auszusteigen, im furchtbaren Gedränge eine Stunde lang vor der Touristenfalle namens Madame Tussauds Wachsfigurenkabinett anzustehen, eine wahnwitzig überteuerte Eintrittskarte zu erstehen, und dann vor lauter anderen drängelnden und schlechtgelaunten Touristen sowieso nicht die Bohne von irgendwas zu sehen.

Überhaupt haben die Tube-Ansager an manchen Tagen einen Clown gefrühstückt. Jüngst kündigte einer an: „Guten Tag, hier spricht Ihr Kapitän. Wir werden in Kürze abfahren. Wir werden eine Höhe von etwa null Fuß erreichen, und unsere geplante Ankunftszeit in Morden ist drei Uhr fünfzehn. Die Temperatur in Morden beträgt fünf Grad Celsius, die gleiche Zeitzone wie Mill Hill East, Sie brauchen also nicht Ihre Uhren umzustellen." Mitunter wird es auch sehr persönlich: „Der Typ am Ende von Bahnsteig 2, der beschlossen hat, zu defäkieren, möge bitte zur Kenntnis nehmen, dass alle Passagiere, die auf ihre Züge warten, wissen, dass Sie da sind und auch, dass Sie an diesen vorbei müssen, wenn Sie den Bahnhof verlassen, da es keinen anderen Fluchtweg gibt." Eine andere Ansage, die sicher vielen Passagieren auf dem morgendlichen Weg ins Büro große Freude bereitet hat, lautete: „Meine Damen und Herren, wir werden in Kürze in Waterloo ankommen. Ich denke, dann werden wir durch den Ärmelkanal weiterfahren und das Wochenende in Paris verbringen."

Ende 2007 wurde die ehemalige *Silverlink Line* in *London Overground* umbenannt. Sie soll bis spätestens zu den Olympischen Spielen weiter ausgebaut werden, um Reisenden einzigartige Ausblicke auf die Rückseiten von ein paar Industriehallen und drei, vier Schafe zu bieten. Zumindest kurz. Denn eine erstaunliche Besonderheit dieser *Overground* ist, dass sie weite Strecken *underground* fährt. Teils sogar unter der *Underground*.

Eine beliebte Alternative zur U-Bahn sind Busse. Wer sich nun aber unter einem englischen Bus einen gemütlich vor sich hintuckernden Doppeldecker vorstellt, auf den man locker bei voller Fahrt hinten durch die offene Türe aufspringt, alsdann beim freundlichen Schaffner ein Ticket erwirbt – der hat eindeutig zu viele Miss-Marple-Filme gesehen. Denn wer heutzutage einen roten Doppeldecker, auf Englisch *routemaster*, entdeckt, der hat entweder seltenes Glück gehabt, ist (viel wahrscheinlicher) in einer Touristenfalle gelandet – oder gleich in einem ganz anderen Land (erstaunlich viele ausrangierte Doppeldecker kurven zum Beispiel durch Hamburgs Straßen). Trotzdem ist Busfahren in England ein echtes Erlebnis, denn englische Busfahrer brettern in ihren modernen Bussen wie die Henker über alle zur Verfügung stehenden Fahrspuren und Straßenuntergründe hinweg, halten stets ruckartig an und scheren grundsätzlich im technisch steilstmöglichen Winkel aus. Setzen Sie sich niemals in die letzte Reihe, wenn Sie nicht passionierter Achterbahnfan sind und ihre Armmuskulatur möglicherweise nicht kräftig genug, um sich energisch gegen die Wirkung der Fliehkraft zu stemmen.

Erwarten Sie keine deutsche Pünktlichkeit von englischen Bussen. Der Fahrplan der meisten britischen Buslinien sieht es vor, dass der Bus, auf den Sie warten, genauso viel Verspätung hat, dass er gleichzeitig mit zwei anderen Bussen anrollt und Sie nicht mehr wissen, welcher Ihrer ist. Es kann Ihnen aber auch passieren, dass der lang ersehnte Bus fröhlich an Ihnen vorbeipprescht; dann nämlich, wenn es sich um einen *request-busstop*, auf Deutsch: eine „Anforderungs-Bushaltestelle", handelt – und Sie natürlich verschwitzt haben, rechtzeitig die Hand auszustrecken. Andere Haltestellen anzusteuern, ist ebenfalls schwierig, da es keine genauen Pläne gibt, auf denen diese verzeichnet wären. Auch im Bus wird nicht angesagt, welche Haltestelle als nächstes kommt. Steigen Sie einfach aus, wenn Sie Ihrem Bauchgefühl nach am Ziel angekommen sind. Und vergessen Sie keinesfalls, sich beim Busfahrer mit einem *„Thanks very much"* für die Fahrt zu bedanken. Anschließend treten Sie den langen Weg zu ihrem ursprünglich angesteuerten Ziel an – am besten zu Fuß.

Der Unterschied zwischen einem *bus* und einem *coach* liegt darin, dass ein *bus* nur innerstädtisch fährt und ein *coach* über Land, also ein Langstreckenbus ist. Außerdem hat ein *coach* in der Regel eine Toilette an Bord und weniger unter die Sitze geklebte Kaugummis. Wie man die Busbahnhöfe findet, an denen die *coaches* abfahren, ist ein gut gehütetes Geheimnis, da diese weder ausgeschildert noch gekennzeichnet sind. Wenn Sie in der nächsten Touristeninformations-Stelle ganz, ganz lieb nachfragen, wird man Ihnen aber möglicherweise (wenn auch mit sehr weit hochgezogenen Augenbrauen) eine Auskunft geben. Natürlich kann man stattdessen auch zufällig vorbeifahrende Busse an den Straßenrand winken und statt nach Manchester eben ganz spontan nach Dorset fahren.

Weiteren Erkenntnisgewinn verspricht eine Zugfahrt mit der *National Rail*. Nimmt man den Eurostar, fährt man mit bis zu 300 Stundenkilometern in erstaunlichen zweieinhalb Stunden von London nach Paris. Und schnurrt dabei so glatt durch die grüne englische Landschaft, dass man bei voller Fahrt eine Operation am offenen Herzen ausführen könnte. Das Ganze im günstigsten Fall für 69 britische Pfund (ohne Operation versteht sich). Ähnlich eindrucksvoll – wenn auch auf ganz andere Art und Weise – ist die Fahrt von London nach Birmingham, für die man etwa acht Stunden braucht und das Vierfache zahlt. Dafür wird man mit einem Fahrkomfort belohnt – vorausgesetzt man hat das seltene Glück, einen Sitzplatz zu bekommen –, der an rumänische oder ostslowakische Eisenbahnen erinnert. Derartige Kontraste haben die Passagiere Mrs. Thatcher zu verdanken, die die damals noch unter dem Namen *British Rail* firmierende, staatliche Eisenbahngesellschaft zu ihrer Zeit in kleine Einheiten aufgeteilt hat, die dann jeweils von verschiedenen privaten Betreibern gekauft wurden. Sodass also beispielsweise die Linie, die zwischen London und Paris hin- und herflitzt, nun von einer anderen Gesellschaft betrieben wird als der Bummelzug, der zwischen London und Birmingham vor sich hindümpelt. Immerhin. Viele regionale Strecken wurden mangels Geld komplett gestrichen, nur übrig gebliebene Straßennamen wie *Station Road* oder verdächtig schnurgerade in der Landschaft herumstehende Heckenabschnitte erinnern noch an sie.

Von den zahlreichen Zugverbindungen hat in der Regel ein Viertel Verspätungen, ein Viertel ist irgendwo in der Streckenmitte stehen geblieben und ein Viertel fällt auf die letzte Sekunde aus. Manchmal sind Naturgewalten schuld: „Wir fürchten, es gibt etwas Verspätung wegen auf den Bahnschienen weidenden Schafen." Manchmal erstaunliche hygienische Verhältnisse: „Wir entschuldigen uns für den Ausfall des Zugs. Die Fahrerkabine ist von Flöhen befallen." Manchmal auch unerwartete Aktivitäten der Bahnmitarbeiter: „Es wird eine kurze Verzögerung geben, da Ihr Fahrer augenblicklich noch im Taxi in der Nähe von Watford sitzt." Gelegentlich werden die Fahrgäste psychologisch geschickt in den Verzögerungsprozess mit einbezogen: „Hat jemand unter den Passagieren einen verstellbaren Schraubenschlüssel, den wir leihen könnten?"

Eine lockere Radmutter, ein Stationswärter, der einen Ein-Mann-Streik veranstaltet, ein verschnupfter Lokführer, ein Schaffner, der seine Krawatte vergessen hat – bei der *National Rail* kann man routinemäßig mit allem rechnen. Vollkommen überraschend brechen für die *National Rail*-Betreiber jedes Jahr Herbst und Winter ein – Jahreszeiten, in denen einzelne herabfallende Blätter oder winzige Schneeflocken sofort den gesamten Schienenverkehr zum Stillstand bringen und zur nationalen Katastrophe führen. Ein Umstand, der für gewöhnlich damit erklärt wird, dass es sich dabei um *the wrong kind of leaf,* also die „falsche Sorte Blatt", oder um the *wrong kind of snow,* die „falsche Sorte Schnee", gehandelt habe. Auch Staub oder Tau brachten den Bahnverkehr schon zum Erliegen. Und wenn es gar keine Erklärung mehr gibt, dann fällt der furchterregende Begriff *signal failure*, „Signalstörung". Schlimmer als dieses lesen oder hören zu müssen, ist es allenfalls eines der labberigen, durchweichten, geschmacklosen, in Plastikfolie eingepackten *railway sandwiches* essen zu müssen. Ohne hier in unappetitliche Details zu gehen: Es handelt sich definitiv um *the wrong kind of sandwich*.

Wechseln wir das Transportmittel. Ein typisch englischer Anblick sind die *black cabs*, die „schwarzen Taxis", die heutzutage auch weiß, grün oder rot sein können und nicht mehr nur auf Londoner Straßen anzutreffen sind. Um *cabbie*, „Taxifahrer", eines *black cab*, zu werden, muss man zwei bis fünf Jahre büffeln. Jede Straße, jeden Platz, jeden Baum und jeden Strauch nördlich und südlich der Themse muss man kennen, um *The Knowledge*, „Das Wissen", zu bestehen, die härteste theoretische Taxifahrerprüfung der Welt – und im Anschluss noch eine gnadenlose praktische Prüfung absolvieren. Als Folge davon sind viele *cabbies* nicht nur erstaunlich belesen und unterhaltsam, sie können auch lässig aberwitzige Haken schlagen, gegen die Haarnadelkurven sich nachgerade lächerlich geradlinig ausnehmen. *Black cabs* sind die einzigen englischen Taxis, die man per Handzeichen an den Straßenrand heranwinken kann – theoretisch jedenfalls. In der Praxis kann ein solcher Versuch zu einer einzigartigen Lektion in Sachen Bescheidenheit und Demut werden, vor allem, wenn es zufällig gerade in Strömen regnet. Was es eigentlich immer tut, wenn man versucht ein *black cab* per Handzeichen an den Straßenrand zu winken … Es mag hilfreich sein zu wissen, dass *black cabs* grundsätzlich und ausnahmslos Vorfahrt vor allen anderen Lebensformen haben, ein Recht, das viele *cabbies* traditionell einfordern, in dem sie aus dem offenen Fenster heraus brüllen *Get out of the way you bloody twat* – „Mach dich vom Acker, du blöder Idiot!"

Um Fahrer eines *minicab* zu werden, muss man dagegen lediglich einen abgerockten Opel Vectra mit defektem Taxizeichen besitzen und Dinge wissen, wie *The rahds gown mad today!* – „Der Verkehr ist heute wieder völlig bekloppt!" *Minicabs* muss man im Gegensatz zu den *black cubs* bestellen, was die Wahrscheinlichkeit, tatsächlich eins zu bekommen, um ein Vielfaches erhöht.

Fahrradfahren ist in England ein Vergnügen zweifelhafter Natur. Was zum einen daran, liegt dass es gemäß eines englischen Naturgesetzes immer genau dann zu regnen beginnt, wenn man sich gerade aufs Fahrrad gesetzt hat und erst genau dann zu regnen aufhört, wenn man am Zielort angelangt ist. Zum anderem sind nur wenige englische Ortschaften mit Fahrradwegen ausgestattet. Diese sind wiederum manchmal nur knapp einen Meter breit. Cardiff rühmt sich, den kürzesten Radweg der Welt zu haben: Er ist ganze 8 *feet* lang, das sind umgerechnet 244 Zentimeter! Wer längere Radfahrten machen will fährt eben auf der Straße. Im Gegensatz zu vielen deutschen Fahrradfahrern tragen englische Fahrradfahrer übrigens keine mit bunten Tiermotiven und Umweltschutz-Aufklebern verzierten Plastikhelme, um sich vor den Gefahren des Straßenverkehrs zu schützen. Es mag daran liegen, dass man sich an vielen Stellen sowieso nur in Schrittgeschwindigkeit vorwärts bewegt. Junge Fahrradfahrer in London machen mangelndes Tempo mit besonders stylischen Retro-Fahrrädern, sogenannten *fixie bikes* wett. Mit iPod-Hörern im Ohr, Pornosonnenbrille auf der Nase, Kuriertasche am Rücken und Flipflops an den Füßen sehen sie in etwa so schnittig aus wie die Bewohner des Berliner Viertels Prenzlauer Berg oder der Hamburger Schanze.

Wenn man – entweder freiwillig, oder aufgrund einer der vielen bereits geschilderten Besonderheiten des englischen Verkehrswesens unfreiwillig – zu Fuß in England unterwegs ist, sollte man unbedingt beachten, dass Engländer eine ganz, ganz andere Vorstellung von Entfernungen haben als Deutsche. Redewendungen wie „nur um die Ecke" oder „über die Straße" können Strecken von einem bis zu zehn Kilometern bedeuten. Ich habe mir selbst schon schlimme Blasen geholt bei einem eineinhalbstündigen Marsch in Stöckelschuhen, der mir als *just a short hop from here* – „nur ein Katzensprung von hier" angekündigt worden war. Sagen Sie also nicht, ich hätte Sie nicht gewarnt!

Liebesleben

Stammeleien, Frotzeleien, handfeste Beleidigungen,
Hunde und Socken im Bett und soviel holländischer Mut,
dass am Ende alles gut wird.

Die immer und immer wieder aufgefahrene These, Engländer hätten keinen Sex, sondern Wärmflaschen, soll hier ein für alle mal zu Grabe getragen werden. Doch, Engländer haben sehr wohl Sex! Erstens müssen sie ja schließlich auf irgendeine Weise zu ihren Kindern gekommen sein. Zweitens belegt eine jüngst durchgeführte wissenschaftliche Umfrage, dass Engländer sogar mehr Sex haben als alle anderen Europäer! Damit nicht genug, sie fangen auch früher mit dem Sex an, und der Geschlechtsakt dauert länger als bei anderen Europäern – nämlich 21 Minuten. Deutsche nehmen sich nur 17 Minuten Zeit.

Sie staunen? Immerhin ist England das Geburtsland von Shakespeares Romeo und Julia, der ja wohl leidenschaftlichsten Liebesgeschichte aller Zeiten. Hier entstanden die liebestrunkenen Verse des großen englischen Dichters Andrew Marvell. Und später der skandalöse Roman Lady Chatterley's Lover von D. H. Lawrence. Ebenso die Geschichte der Fanny Hill, die sämtliche sadomasochistische Praktiken rauf und runter zelebriert. Das allererste Kondom, seinerzeit *English Overcoat* genannt, erfanden Engländer. Filme wie Wuthering Heights, Sense and Sensibility oder Der Englische Patient, in denen es vor heimlichen Gelüsten, romantischen Gefühlswallungen und erotischen Anspielungen nur so lodert, entstammen englischen Federn. Dito die Sexbibel der Siebziger, Joy of Sex. Und wer hat das *Page-Three-Girl*, das „Seite-Drei-Mädchen" erfunden? Na? Die Engländer. Bitteschön.

Diese überaus beeindruckende Sinneslust der Engländer ist umso bemerkenswerter angesichts der Tatsache, dass Sex und Nacktheit Themen sind, die in England sehr viel haltloses und nervöses Gekicher auslösen. Es ist, wenn man geschichtlich weit ausholt, womöglich noch dem zugeknöpften Erbe der prüden Königin Victoria zu verdanken, dass Sex noch weit bis in die Zeit nach dem Zweiten Weltkrieg nur auf witzig gemeinten Cartoon-Postkarten, sogenannten *seaside postcards*, abgehandelt wurde. Auf denen waren vor allem mollige Frauen, lüsterne Pfarrer, betrogene Ehemänner und Texte voller Doppeldeutigkeiten zu bewundern. Später, als in Deutschland schon längst FKK-Strände und gemischte Saunas Einzug gehalten hatten, Sexperten wie Dr. Sommer oder Erika Berger die dunkelsten Ecken des Schlafzimmers ausleuchteten und die Berliner Mutter des Punks Nina Hagen im Fernsehen ausführlich zeigte, wie Frauen masturbieren – fand man in England allenfalls schlüpfrige Komödien mit Titeln wie „Geständnisse eines Fensterputzers" oder „Abenteuer einer Hausfrau". Der Inhalt in Kurzfassung: Ein sehr unprofessionell ausgeleuchteter Mann mit sehr weißem Hintern macht zu Orgelmusik und lustigen Soundeinlagen (Quiek, quiek, hup, hup!) liegestützenartige Verrenkungen auf einer halbnackten Hausfrau, bis der Ehemann ins Zimmer platzt oder etwas anderes schreiend Lustiges passiert.

Während heutzutage in Deutschland schon 8-jährige in der
Schule lernen, was Männer und Frauen machen, wenn sie
sich lieb haben und wie man ein Kondom über einen Besen-
stiel oder eine Banane stülpt, erwerben die meisten englischen Kinder ihre Kenntnisse über Sex im Wesentlichen
immer noch durch das intensive Studium von Pornos, Pres-
seskandalen und den *Page-3-Girl* Bildunterschriften in der
Sun. Was zur Folge hat, dass ein Drittel aller Engländer Sex
im Stehen oder unter der Dusche für einen angemessenen
Schutz vor unfreiwilligen Schwangerschaften und Geschlechtskrankheiten hält, es deswegen eine Menge unfreiwilliger Schwangerschaften und Geschlechtskrankheiten
gibt, und bis heute alles, was mit Sex zu tun hat, sehr, sehr
schmutzig, verboten und ungezogen ist. Auf Englisch:
naughty! Das sagt man in England eigentlich zu Kindern,
die etwas ausgefressen haben. Wenn man Erwachsene hingegen als *naughty* bezeichnet, heißt das, dass sie Geschlecht-
verkehr haben, die Racker, tss! Obwohl Engländer oft und
ausgiebig Sex haben, wäre es ihnen furchtbar peinlich, wenn
jemand denken könnte, dass sie in irgendeiner Form beabsichtigen, hoffen oder auch nur im Entferntesten daran denken, so etwas Ungezogenes und Verbotenes wie Geschlechtsverkehr zu haben. Das führt naturgemäß dazu, dass
Flirtrituale, in denen es eben genau darum geht, dass man
beabsichtigt, hofft und daran denkt, Geschlechtsverkehr zu
haben, eine umständliche und nervenaufreibende Angelegenheit sind.
Fängt schon damit an, dass ein englischer Mann die Frau,
für die er sich interessiert, natürlich niemals einfach so di-

rekt ansprechen wird – sie könnte ja schließlich merken, dass er – *knickknack* – etwas von ihr will! Ein normaler englischer Mann wird also erstmal nur verstohlene Blicke werfen und mit einem Bier in der Hand das Objekt seines Interesses umkreisen. Etwa so wie deutsche Jugendliche am Kiosk um die Ecke mit den Ab-18-Zeitschriften herumscharwenzeln. Mit viel Glück nimmt die Frau ihn rein zufällig aus den Augenwinkeln wahr, entweder weil er so niedlich aussieht wie, sagen wir mal, Colin Firth oder auch nur, weil er über den Barhocker gestolpert ist. Ansonsten muss er sie ansprechen. Was den englischen Mann mindestens so viel Nerven kostet wie einen 15-jährigen Deutschen, der im Sexshop nach genoppten Präservativen oder Lackkorsagen fragen muss. Daher wird die Anrede mit vielen „öhs" und „öms" und „tjas" sowie langen Abschnitten des Schweigens durchsetzt sein. Wer gesehen hat, wie Hugh Grant sich im Film „Vier Hochzeiten und ein Todesfall" an die Frau seines Herzens ranstotterte, weiß, wovon die Rede ist. Im Gegensatz zu der derart umflirteten Frau, die nach einer solchen Ansprache nicht die Bohne weiß, was der wirr daher redende Typ mit den roten Flecken im Gesicht eigentlich von ihr will.

Eine andere Taktik, das Gegenüber anzusprechen ohne irgendetwas über das eigene schändliche Vorhaben durchsickern zu lassen, erinnert an Stasi-Spitzel, die nur verschlüsselt („Schwarzer Ziegel?" – „Grüner Skorpion!") miteinander sprachen. Was soll man von rätselhaften Anmachen halten wie „Entschuldige, würdest du meinen Bart auf Läuse untersuchen?" oder „Sind deine Zähne echt?" Eine englische Freundin wurde in einem Pub mit dem Spruch konfrontiert:

„Ich bin nicht wirklich so groß. Ich sitze auf meinem Geldbeutel." Sollte das nun wohl soviel heißen wie „Du gefällst mir" – ? Oder vielleicht doch eher „Ich bin ausnehmend winzig und zugleich ein Geldprotz" – ? Man weiß es nicht. Um gar nicht erst den peinlichen Verdacht aufkommen zu lassen, dass sie ihr Gegenüber nett oder attraktiv finden – es besteht schließlich die reale Gefahr, sich eine Abfuhr einzuholen -, setzen manche Engländer auf ironisches Gefrotzel, auf Englisch: *bantering*. Dabei bedeuten Kommentare wie „Schade, dass du nicht mein Typ bist!", „Gibt's deinen Hintern auch in Größe S?" oder „Blöde alte Kuh!" – die in Deutschland den Tatbestand der Beleidigung erfüllen würden – je nach Alter, Klasse und Kontext einfach nur „Du bist sehr schön!", ohne dass man irgendetwas Verfängliches wie „Du bist sehr schön!" sagen müsste.

Auch bei Partnerschaftsanzeigen verschleiert man taktisch geschickt die wahren Absichten mit Formulierungen wie: „Jung, attraktiv und intelligent bin ich nicht. Wenn du passendere Adjektive für einen 53 Jahre alten, übellaunigen Idioten finden möchtest, schreib jetzt an Chiffre Nr. 2202." Selbst Prominente machen von solchen Abschreckungstaktiken Gebrauch. So beschrieb sich Hugh Grant (schon wieder der!) im Interview zur Liebeskomödie „Mitten ins Herz" als griesgrämigen alten Sack, der weder romantisch noch musikalisch sei, sondern ein trübsinniger Freak, ja, er nannte sich selbst gar „eine Wolke der Trübsal". Vorbildlich!

Natürlich gibt es auch den sehr seltenen Fall, dass Engländer derart von ihren romantischen Gefühlen übermannt werden, dass sie tatsächlich darüber reden wollen. Das führt, unge-

übt wie sie in solchen Belangen sind, freilich zu verheeren-
den Ergebnissen. Man denke nur an das Telefonat, in dem
der Prince of Wales seiner damaligen Geliebten beichtete,
dass er gerne ihr Tampon wäre. Eine englische Kollegin berichtete, sie habe einmal das erstaunliche Kompliment bekommen, „die bewundernswerteste Frau neben Margret
Thatcher zu sein". Diese Bekanntschaft hat sie nicht weiter
vertieft.

Zusammenfassend lässt sich sagen, das Flirtverhalten des
durchschnittlichen englischen Mannes ist so rätselhaft wie
das Balzverhalten des neuseeländischen Kakapos, eines vom
Aussterben bedrohten Vogels. Dass das englische Volk dennoch weiterhin überlebt, liegt schlicht daran, dass englische
Frauen schneller von Kapee sind als Kakapo-Weibchen.

Kommt es trotz aller Widrigkeiten tatsächlich zu einem
Date (dazu sagt man in England übrigens *pull*), wird ein
normaler Engländer sich auch bei der Wahl der Lokalität
keinesfalls dem Verdacht der Gefühlsduselei aussetzen. Ku-
scheliges Candlelight Dinner beim Italiener fällt also mit
hoher Wahrscheinlichkeit flach. Je nach Bildung und Inter-
essenslage hat er vielleicht zwei Kinokarten für einen *Art-
house Film* über die Inuit in der Tasche. Oder einen Tisch in
seinem Stamm-Pub reserviert, an dem im Verlauf des Abends
noch drei seiner Kumpels dazu stoßen werden.

Falls die Verabredung doch (weil die Kumpels nicht konnten) in trauter Zweisamkeit und im flackernden Schein eines
Teelichts stattfindet, wird der Engländer keinesfalls durch
irgendwelche *public displays of affection,* auf Deutsch: „öffentliche Zurschaustellung von Zuneigung", romantische Stim-

mung aufkommen lassen. Wozu auch durchblicken lassen, dass er sein Gegenüber attraktiv findet? Das kann sie sich ja denken, bei der niedlichen Art, wie er vom letzten Arsenal-Spiel erzählt oder schon mal ausklamüsert, wie man nachher am besten die Rechnung teilt. Dafür, dass der Abend in amouröser Hinsicht nicht ergebnislos zur Neige geht, sorgt schlussendlich alleine die entsprechende Menge Alkohol. *Dutch courage,* „Holländischer Mut", nannte man es früher, wenn holländische Seeleute sich vor entscheidenden Schlachten Mut antranken. Nach drei Gin Tonics ist selbst der englische Mann so weit, dass er sich traut, romantischere Gefilde anzusteuern – in dem er umstandslos fragt: *Er, fancy a shag?* – „Öhm, Lust auf eine Nummer?"

Auch wenn im Lauf der Zeit einige bizarre Informationen über Zehen lutschende, mit Luftwaffenuniformen verkleidete oder mit Elektrokabeln, Stühlen und Plastiktüten herum hantierende Minister und Rockstars publik geworden sind, neigen normale englische Männer nicht zu sexuellen Absonderlichkeiten – sieht man mal davon ab, dass sie offenbar gerne ihre Socken anbehalten und Haustiere[38] mit im

---

38 *Ungleich leidenschaftlicher als seine Liebe zum anderen Geschlecht ist des Engländers Liebe zu Tieren. Wenn Sie in England wirkliche Passion entdecken wollen, sprechen Sie über Katzen, Hunde, Wellensittiche oder Kaninchen. Haustiere werden von ihren Besitzern getätschelt, gestreichelt, geknuddelt und mit Kosenamen versehen, die inniger sind als alles, was sie jemals zu einem Menschen sagen würden. Tieren verzeiht man wirklich alles. Selbst wenn ein ausgewachsener Dobermann dem Nachbarn gerade das halbe Bein abgebissen hat, wird dieser bestenfalls zu hören bekommen: Angel wouldn't hurt a fly! – „Engelchen könnte keiner Fliege etwas zuleide tun!"*

Bett schlafen lassen, sodass man auf dem Gipfel der Lust in England nicht nur Liebesgestöhn, sondern laute Ausrufe hört wie „Lässt du wohl meine Socken los? Runter, Barney! So ist's brav!"

Wenn der Mann die Frau am nächsten Morgen nebst vielen Frotzeleien über die Vorkommnisse der Nacht – immerhin war man nackt, hihi! und *naughty*, haha! – mit Kosenamen wie *duckie* oder *sweetpie* versieht, ist das als Zeichen großer Leidenschaft zu werten. Und Achtung: Richtig ernst wird es, wenn beim nächsten Besuch zwar keine roten Rosen und Kerzen bereit stehen, aber dafür ein Paar Hausschuhe, eine eigene Teetasse und ein persönliches Nachtschränkchen!

Bevor geheiratet wird, steht aber erstmal der Junggesellen-Abschied an. *Hen-night* heißt die weibliche Version, auf Deutsch: „Hühnernacht". Dabei sitzt die mit Brautschleier, Plastikglitter und Straßenabsperrhütchen geschmückte Braut in spe schmallippig vor einem Glas Weinschorle, während ihre mit *„Danger, woman drinking"*- T-Shirts bekleideten Freundinnen eimerweise Cocktails kippen, schmutzige Lieder grölen und alles anbaggern, was bei „Drei" nicht auf den Bäumen ist. Ein deutscher Freund von mir geriet einmal versehentlich in eine *hen-night* – er kam zwar mit ein paar Knutschflecken und kleineren Schürfwunden davon, behauptet aber, eine Begegnung mit Hooligans sei vergleichsweise wie ein Besuch im Streichelzoo. Das Programm auf einer *stag night*, „Hirschnacht", wie man den klassischen Junggesellen-Abschied in England nennt, erschöpft sich dagegen schlicht darin, möglichst schnell möglichst viel Bier zu trinken und dann etwas Albernes mit dem Bräutigam in spe zu machen – zum Beispiel, ihn nackt an eine Litfasssäule zu binden.

Derlei Exzesse finden nach der Hochzeit natürlich nicht mehr statt. Und auch die zwischengeschlechtlichen Tätigkeiten gehen nach und nach in häusliche Aktivitäten wie Gärtnern oder Do-it-yourself-Arbeiten über. Das ist in englischen Augen mitnichten ein Anlass zur Sorge oder gar für hektische Versuche (Rosenblätter im Schlafzimmer, erotische Massagen, Wellness-Wochenenden), das Liebesfeuer am Lodern zu halten. Langt doch völlig, wenn der Teekessel warm ist, tut cs nicht? Die Sehnsucht nach Geborgenheit *(cosyness)* erklärt auch, warum viele Engländer, wenn sie dann doch mal fremd gehen (das tun übrigens genau so viele wie in Deutschland, nämlich 70%), das nicht mit irgendwelchen Wildfremden tun, sondern mit Leuten, die sich schon in Haushalt und Garten auskennen: der *nanny* zum Beispiel – man denke hier an diverse namhafte Schauspieler und Sportler, die verhängnisvolle Techtelmechtel mit den Kindermädchen ihrer Kinder anzettelten! In diesem Zusammenhang leuchtet wiederum ein, warum immer weniger *nannies* und dafür immer mehr *mannies* – männliche *nannies* also – in englischen Haushalten arbeiten.

Gerade im zwischengeschlechtlichen Miteinander ist es von größtem Nutzen, ein paar englische Ausdrücke zu kennen:

Boiler: Eine sehr unattraktive Frau. Wie in „Mike hat sich zulaufen lassen und ist dann mit dieser totalen *boiler* abgezogen." In dem Zusammenhang gibt es auch das Wort *beer goggles* – „Bier-Brille". Wenn man eine *boiler* durch *beer goggles* anguckt, hat das den Effekt, den man im Deutschen mit dem

Begriff „schöntrinken" bezeichnet. Noch unattraktiver als eine *boiler* ist allenfalls eine *moose* („Elch") oder – uärggh! – *munter*. Besonders übel ist es, hat man eine *bunny boiler* am Hals: eine Ex-Geliebte, die einen stalkt. Wohin das führen kann, haben wir ja bei „Eine verhängnisvolle Affäre" gesehen. Eine *minger* („Hackfresse") ist eine Frau, die aus dem „Hässlich-Baum" gefallen und auf dem Weg nach unten noch mal auf jeden einzelnen Ast geknallt ist. Man ahnt Böses. Frauen dieser Art werden auch als *real dog*, „echte Hunde", bezeichnet. Im Gegensatz zu *real goers*, „echten Gehern", auch *totties* gennat. Eine Frau von fragwürdiger, loser Moral hingegen nennt man *scrubber*, *slag* oder *trollop*.

Boobs: Entspricht etwa dem deutschen „Möpse". In keinem Land wird der weibliche Busen so gefeiert wie in England, und in keiner Sprache gibt es so viele Synonyme dafür wie im Englischen: *boobies*, *boobicles*, *melons*, *honkers*, *bazookas*, *jugs*, *love pillows*, *two fried eggs on a plate*, *volcanoes*, *love balloons*, *funbags* sind nur ein paar Beispiele.

Bonk: Sex haben. Synonyme dafür sind: *boff*, *get your end away*, *get your leg over*, *have it off*, *hump*, *lay*, *ride*, *romp*, *rodger*, *screw* oder *shag*.

Chat up: Anbaggern, also jemanden des anderen Geschlechts in der Hoffnung auf Sex anquatschen. Was, wie wir gelernt haben, nicht Sprüche meint wie: „Ich hab meine Telefonnummer verloren, kann ich deine haben?", sondern eher: *Want to shag?* – „Ficken?" Ein anderer Ausdruck für „Anbändeln" ist *get off with somebody*.

Durex: So heißt der bekannteste Kondomhersteller in England, weshalb der Name per se für Kondom steht.

Fit: Das ist so ungefähr das Schwärmerischste, was ein moderner Engländer über das Aussehen einer Frau sagen wird. Ach ja, wenn die Leidenschaft ihn völlig überwältigt, wird er ihr Äußeres vielleicht auch als *tidy* – „ordentlich" – bezeichnen.

Knob: Das bedeutet eigentlich „Knauf", im sexuellen Zusammenhang meint man damit aber den „Penis". Manchmal steht es aber auch für „Idiot". Was unter Umständen zu heiklen Missverständnissen führt. *Knob* klingt übrigens nur rein zufällig wie *nob*, der Begriff für ein Mitglied des Adels.

Lads' mags: Jungsmagazine. Eine ganze Reihe von Zeitschriften ist extra für englische Männer gemacht, die bis ins hohe Alter und trotz grauer Schläfen *lads*, also „Jungs", bleiben wollen. Auf den Titelseiten von *lads' mags* sind grundsätzlich Frauen abgebildet, deren Brüste allen biologischen und physikalischen Gesetzen Hohn sprechen.

Poof: Schwuler. Es gibt massenhaft andere englische Ausdrücke für Homosexuelle, wie zum Beispiel *poofter, woofter, bum chum, uphill gardener.* Wer schwul und dabei tuntig ist, heißt *camp.* Auf deutsch: „Schwulette". Wer tuntenhaft, aber nicht schwul ist, wird (nicht unbedingt freundlich) *nancy* oder *nancy-boy* genannt. In Bezug auf Homosexuelle sind Engländer sehr tolerant – solange sie in der Inneneinrichtungsbranche oder am Theater arbeiten oder irgendwie exzentrisch und unterhaltsam sind. Idealerweise interessieren sie sich vor lauter kreativer Arbeit gar nicht mehr für Sex.

Pull somebody: Jemanden abschleppen. Andere Begriffe sind *hook up with somebody* oder *pick up somebody,* was so viel heißt wie „jemanden aufgabeln".

Randy: Geil – im ursprünglichen Sinn, also „lüstern". *Randy Andy* war der Name, den die Boulevardpresse Prince Andrew wegen seiner vielen Affären in den 80ern verpasste.

Shark: Eine Person jedweden Geschlechts, die auf sehr intensiver, sehr dringender Geschlechtspartnersuche ist. Eine Frau, die auf so intensiver und dringender Geschlechtspartnersuche ist, dass sie wirklich jeden antanzt – ob Mensch, Pflanze, Tier oder Schirmständer – heißt *slapper.* Die milde Variante davon ist *tart.*

Toss: Masturbieren. Man kann auch *toss off, wank, have a wank* oder *do a sherman* sagen.

Sport und Freizeit

*Vergeigte Elfmeter, Dartspfeile, die ins Auge gehen, Männer in
karierten Hosen und Haare auf dem Dingsdabums.*

Sport spielt in England eine große Rolle. Das ist bemerkenswert, wo doch nicht gerade wenige Engländer fettleibig,
asthmatisch, rheumatisch oder sonst irgendwie körperlich
runtergerockt sind. Umso mehr, wenn man sich vergegen-
wärtigt, dass England seit dem Gewinn der Fußball-WM
1966 keine nennenswerten sportlichen Siege eingefahren hat
– von Schlammschnorcheln, Rosskastanien-Klickern und
Käserollen mal abgesehen. Genau das aber hat vielleicht
große englische Helden zu allen Zeiten unvergesslich gemacht. *Veni, vidi, perdidi*: „Sie kamen, sie sahen und sie verloren." Die englische Redewendung *to be a good sport* bedeutet
folgerichtig auch nicht (wie man als Deutscher meinen
könnte) „ein guter Sportler sein", sondern ganz im Gegenteil
„ein guter Verlierer sein". *A good sport* zeichnet sich dadurch
aus, dass er angesichts einer Niederlage nicht seinen Tennis-
schläger verdrischt, auch nicht seinen Gegner anspuckt oder
gar mit dem Schiedsrichter feilscht, sondern mit heiterer
Miene über das Spielfeld spaziert, dem Kontrahenten die
Hand reicht und etwas Edelmütiges sagt wie „Der Bessere
gewinnt!" – mag es ihn innerlich auch in tausend Stücke zer-
reißen. Im Übrigen wird *a good sport* im Falle eines Sieges
selbstverständlich auch nicht die Fäuste zum Himmel
strecken und auf den Knien herumrutschen oder seine Mit-

spieler abküssen. Denn angeben will man um Himmels willen auch nicht! Hier die wichtigsten Sportarten, in denen England irgendwo unter ferner liefen steht, aber eisern versucht, sich das nicht anmerken zu lassen:

Football[39]: Jeder Engländer kennt zwei Sorten von Fußballern. Erstens: die Spieler des eigenen Vereins, dessen Mitgliedschaft man in die Wiege gelegt bekommen hat und dem man bis in den Tod treu bleibt. Zweitens: Wichser. Das sind die Spieler aller anderen Mannschaften, vor allem die Spieler ausländischer Mannschaften. Und hier natürlich insbesondere die Spieler der deutschen Nationalmannschaft. Alle zwei Jahre geben sich die Engländer die größte Mühe, sich selbst davon zu überzeugen, dass sie Europa- oder Weltmeister werden können. Und sind, ganz egal, wie schlecht sie in vergangenen Europa- oder Weltmeisterschaften waren, völlig grundlos davon überzeugt, dass sie diesmal bestimmt besser sein werden. Um diesem Erlebnis live beiwohnen zu können, kaufen sie Tickets, die mehr kosten als ein zweiwöchiger All-inclusive-Urlaub auf Teneriffa und reisen kreuz und quer durch die Weltgeschichte, um ihr Nationalteam zu unterstützen. Wie zu erwarten, sind sie nach dem Turnier jedes Mal bis ins Mark erschüttert und zutiefst beleidigt, weil sie wieder mal zu früh ausgeschieden sind oder gegen die *Krauts* verloren haben. Warum das so ist? Tja, die Engländer sind zwar die Erfinder des Fußballs, aber eben leider nicht die des Elfmeterschießens, das bei großen Turnieren

---

39 *Ja, da staunen Sie – in England heißt es nämlich sehr wohl football. Soccer spielen die Amis.*

deshalb für sie auch regelmäßig ‚Endstation' bedeutet. Nur ein einziger englischer Spieler behält hier die Nerven: Owen Hargreaves. Zu ärgerlich, dass er gar kein richtiger Engländer ist, sondern gebürtiger Kanadier. Der – noch viel ärgerlicher! – sein Handwerk in Deutschland gelernt hat.

Apropos Nerven behalten: Erklären Sie einem Engländer doch mal in aller Ruhe, was Sie vom berühmten „Wembley-Tor" von 1966[40] halten …

Weil der englische Clubfußball dank nichtenglischer Spieler ungleich erfolgreicher ist als das Nationalteam, verdienen englische Topspieler dennoch genug, um rote Ferraris und Landrover mit lustigen Nummernschildern zu fahren, Designerklamotten zu tragen und in riesigen Villen mit gekachelten Brunnen und Marmorstatuen mit ihrem eigenen Konterfei zu leben. Oft sind sie mit Frauen verheiratet, die als Schauspielerinnen oder Wäschedesignerinnen Berühmtheit erlangt haben und als *WAGS* (kurz für *Wives and Girlfriends of Footballplayers* – „Frauen und Freundinnen von Fußballspielern") die Blätter der Klatschmagazine füllen.

Cricket: Wurde vor etwa 750 Jahren von den Engländern erfunden, vermutlich, um einen triftigen Anlass zu haben, möglichst viel Zeit im *pub* um die Ecke zu verbringen. Das Spiel ist ein bisschen wie Baseball (was sowohl Cricketspieler als auch Baseballspieler aufs Schärfste bestreiten), bloß lang-

---

40 *Das nach Meinung aller mir bekannten deutschen Fußballfans mitnichten bei der WM 2010 ausgeglichen wurde, denn – ich zitiere: „Die Deutschen hätten das Achtelfinale auch gewonnen, wenn der Schiedsrichter das englische Tor anerkannt hätte."*

samer; was dem Zuschauen einen Hauch fernöstlicher Meditation verleiht: Man glotzt vor sich, das Hirn leert sich und Stunden später, kurz bevor man vollkommen ins Nirwana abdriftet, ist das Spiel aus. Mit welchem Ergebnis, muss man nach einem komplett unverständlichen System Punkte ausklamüsern. Wer den Spielen nicht in persona beiwohnen kann, lauscht im Radio den Kommentaren altgedienter Sportreporter, die nebenbei hörbar ihren Tee schlürfen und Früchtekuchen mampfen.

Rugby: Ziel dieses Spiels ist es, mit allen Mitteln einen seltsam geformten Ball über eine bestimmte Linie zu kriegen. Wobei „alle Mittel" auch das Herumtreten in den Weichteilen des Gegners beinhaltet. Von den Zuschauern wird erwartet, dass sie möglichst viel Alkohol konsumieren und unflätige Lieder mit Titeln wie *Hairs on her dickydido* („Haare auf ihrem Dingsdabums") singen. Anders als beim Fußball wird von den Fans allerdings nicht erwartet, dass sie nach dem Spiel die Anhänger der gegnerischen Mannschaft umlegen. Spieler, die gegen irgendwelche Regeln verstoßen, werden dafür angehalten, ein Bier durch eine Socke zu trinken, nackt um das Spielfeld zu rennen oder ein Sandwich mit oben besungenen Haaren zu essen.

Angeln: Dieser Sport ist sogar noch weiter verbreitet als Fußball! Sie werden sonntags an keinem englischen Tümpel vorbeikommen, ohne mehrere Männer beim *angling* zu sehen. Kein Wunder! Schweigend nebeneinander herumsitzen, eine Angelrute in der einen Hand, ein warmes Bier in der anderen und eine Kühlbox neben sich – für wahre Engländer kann es keinen erstrebenswerteren Zeitvertreib geben.

Rudern: Pflichtfach für alle Studenten in Oxford und Cambridge. Millionen Zuschauer begleiten das traditionelle *Boat Race* auf der Themse. Und wenn auch nur, um zu sehen, ob ein Boot untergeht.

Golf: Einfache schottische Schäfer, die mit ihren Hirtenstäben kleine Kiesel in Erdlöcher schlugen, sollen diesen Sport angeblich erfunden haben. In England ist er bis heute kein Luxussport, sondern lediglich ein Muss für Männer ab vierzig, die karierte Pullis und Hosen in furchtbaren Farben mögen – und am Wochenende mal ein paar Stunden ohne ihre Frauen sein wollen.

Fuchsjagd: Die Fuchsjagd wurde 2005 offiziell in England verboten. Und bislang hat sich die düstere Prophezeiung der Jagdbefürworter, dass England ohne Männer in roten Jacken, die hinter Füchsen herhoppeln, wie Sodom und Gomorrha versinken würde, nicht bewahrheitet.

Tennis: Wen wundert's, dass eine Sportart, bei der Spieler Retro-Strickjacken tragen und Zuschauer *Pimm's* trinken, den Geschmack der Engländer trifft? Das Wimbledon Finale wird von durchschnittlich 100% der englischen Bevölkerung verfolgt. Wenn nicht mehr.

Darts: Dieses Kneipenspiel gilt in England tatsächlich als richtiger Sport und wird sogar im Fernsehen ausgestrahlt. Wer ihn ausüben will, muss auch in betrunkenem Zustand seine Feinmotorik im Griff haben und dabei noch komplizierte Additionsaufgaben meistern können. Von Vorteil mag es sein, dass man ab einem gewissen Alkoholpegel nicht mehr spürt, wenn sich ein Dartspfeil durch irgendwelche Körperteile bohrt.

Binge Drinking: Dieser Sport wird landesweit werktags nach Büroschluss und am Wochenende ausgeübt. Ziel ist es, zu trinken, bis man erst ins Schwanken kommt und letztlich zu Boden geht.

Dipping: Das ist ein bei englischen Jugendlichen beliebter Trendsport, der übersetzt so viel heißt wie „eintauchen". Er funktioniert so: Auf Google Earth wird ein privater Swimmingpool ausgemacht, an dem man sich zu einer nächtlichen Verkleidungsparty mit möglichst viel Alkohol versammelt und sich dabei möglichst nicht von den Besitzern der Pools erwischen lässt. Die sehen die Sache nämlich meist nicht so sportlich.

Während Deutsche viel Zeit in ihren Beruf stecken, ist den Engländern übermäßiger Einsatz im Arbeitsleben außerordentlich suspekt. Ja, Leute, die mehr als das absolut Notwendigste arbeiten, haben in ihren Augen ein ernstes *Work-Life-Balance*-Problem. Oder sind, was aufs Selbe rauskommt, *bloody Krauts.* Diese entspannte Einstellung gibt den Engländern viel Zeit für seltsame Freizeitbeschäftigungen und skurrile Rituale, die im Folgenden näher erläutert werden. Ohne vorgreifen zu wollen, sei in dem Zusammenhang schon angemerkt, dass man dem kostenlosen englischen Gesundheitssystem, dem *National Health Service,* gar nicht genug für seine Dienste danken kann.

Cooper's Hill Cheese Rolling and Wake: Diese 200 Jahre alte Tradition wird jedes Jahr in Brockworth gefeiert. Im Wesentlichen geht es darum, dass sich eine Horde junger Männer hinter einem rollenden Double Gloucester Käse einen 200 *yards* langen und steilen Berg hinab wirft, um schließlich durch die Ziellinie zu rollen, schliddern oder fliegen. Am Fuß des Bergs warten Sanitäter und karren die Überreste ins nächste Krankenhaus.

World's Nettle Eating Championship: Jeden Juni geht es in Marshwood bei Dorset darum, wer in einer bestimmten Zeit die größte Menge Brennnesseln verzehren kann. Angetrieben werden die Teilnehmer sowohl von Bier als auch von grölenden und seltsam kostümierten Zuschauern. Den Geschmack der Brennnesseln beschrieb ein Teilnehmer als „Mischung aus Spinat und Kuhdung".

Bottle kicking & Hare Pie Scramble: Dieser blutrünstige Wettkampf zwischen den beiden Ortschaften Melbourne und Hallaton findet seit dem 18. Jahrhundert an jedem Ostermontag statt. Das Spiel, bei dem eine Flasche unter dem Geschrei von Tausenden von Zuschauern durch die Gegend gekickt wird, funktioniert ein bisschen wie Rugby – nur ohne Regeln und mit mehr Verletzungen. Gekrönt wird das Ereignis durch eine Parade, bei der ein vom Dorfpfarrer gesegneter Kuchen in Hasenform aufgeschnitten und in die Menge geworfen wird.

Morris Dancing: Bei dem keltische Fruchtbarkeitstanz, der traditionell am 1. Mai aufgeführt wird, fuchteln bärtige Männer mit Taschentüchern und Stöcken in der Luft herum und schlagen jungen Frauen mit einer aufgeblasenen Schweinsblase auf den Kopf. Dieses Ritual soll angeblich jegliches Unheil vertreiben.[41] Der oft zitierte Ratschlag, dass

---

41 *Meiner unmaßgeblichen Meinung nach eignet sich dieses Ritual auf jeden Fall prima dazu, jegliche Geschlechtspartner zu vertreiben.*

man im Leben „alles versuchen solle außer Inzest und Morris Tanzen", ist mancherorts leichter gesagt als getan!

Gurning: Die größte Attraktion auf der jeden September stattfindenden Egremont Crab Fair ist der *Gurning*-Wettbewerb: Wer seinen Kopf durch den Halsring eines Pferdegeschirrs stecken kann und dabei die eindrucksvollsten Grimassen schneidet, gewinnt. Und braucht im Anschluss eine chiropraktische Behandlung.

Worm Charming: Was eine Handvoll Angler tut, um Würmer als Fischköder zu sammeln, ist in Willaston, einem Dorf in der Grafschaft Cheshire, zum Sport geworden: Würmer werden vermittels Musik jeder Art dazu verführt, aus einem 3 x 3 Meter großen Stück Erde herauszukriechen. Den aktuellen Weltrekord hält Sophie Smith, die in der dreißigminütigen Wettbewerbszeit 567 Würmer ans Tageslicht lockte.

Bog Snorkelling: Eins der Dinge, die manche Engländer unbedingt machen möchten, bevor sie sterben, ist am alljährlichen Sumpftauch-Wettbewerb im walisischen Llanwrtyd Wells teilzunehmen. Mit Taucherbrillen, Schnorcheln, Flossen und befremdlichen Kostümen ausgestattet, treten die Teilnehmer in einem 120 *feet* langen, schlammgefüllten Graben gegeneinander an.

Straw Bear Day: Am 7. Januar leitet man in Fenland den Beginn des bäuerlichen Jahres ein. Hierbei tanzen als Heuhaufen verkleidete Männer von Haustüre zu Haustüre und sammeln Geld, Essen oder Bier. (Berichte nach denen hungrige Kühe Tänzer attackierten, blieben unbestätigt.)

Wankathon: Der Selbstbefriedigungs-Wettbewerb fand in England erstmals im Jahr 2007 statt. Dabei trafen sich Hunderte von Männern und Frauen, um gemeinsam einsam den bisherigen Rekord im Dauer-Masturbieren (achteinhalb Stunden) zu brechen. Die Teilnehmer wurden für jede Minute erfolgreicher Masturbation gesponsert. Das Geld floss (Kalauer nicht beabsichtigt) am Ende einer wohltätigen Organisation zu. Der Event wurde übrigens vom einst öffentlich-rechtlichen Fernsehsender Channel Four begleitet.

Natürlich gibt es eine ganze Reihe von Festivals, die hier nicht aufgeführt sind und die eher ein jüngeres Publikum ansprechen. Wie beispielsweise das Glastonburg Festival, ein Freiluft-Musikereignis, bei dem die Zuschauer traditionell bis zu den Knien im Schlamm stehen und kanadischen Singer-Songwritern zuhören. Oder die Literaturfestivals in Hay-on-Wye, Cheltenham oder Edinburgh, die genauso schlammig sind, nur leiser. Oder diverse samstägliche Trödelmärkte, in England *jumble sales* genannt, auf denen man wie auch in Deutschland all das Zeug verschachert, das man bei eBay nicht loswird. Und immerhin die Chance besteht, außer Läusen und Motten auch noch eine tolle Vintage-Vivienne-Westwood-Jacke mit nach Hause zu nehmen. Beim *car boot sale*, dem „Kofferraumverkauf", stehen Autos Seite an Seite – natürlich im Regen -, in deren Kofferräumen all die Dinge feilgeboten werden, die zu Recht zwanzig Jahre auf dem Dachboden lagen. Wunderbar!

Kultur und Unterhaltung

Tante Bieb, eine hypnotische Wettervorhersage,
Zeitungswirrwarr, die Sache mit David Hasselhoff
und lesbische Pferdegeschichten.

Als Deutscher muss man zähneknirsched anerkennen, dass
sich das deutsche Öffentlich Rechtliche Fernsehen gegen die
British Broadcasting Corporation, kurz BBC, ausnimmt wie
eine Schubkarre neben einem zweisitzigen Alfa Romeo
Sportwagen. Daher ist es kein Wunder, dass Engländer
durchschnittlich vier Stunden am Tag vor dem *telly* verbringen. Alleine die wunderbaren Comedy-Serien und Shows
von *Monty Python's Flying Circus, Fawlty Towers, Yes Minister, Black Adder* und und und … bis zu neueren, etwas derbe-
ren Produktionen wie *Little Britain, Smack the Pony* und *Ali
G* sind Grund genug, in Demut niederzuknien und englischen Boden zu küssen. Und wer hätte nicht bei Dramen wie
„Wiedersehen mit Brideshead", „Eton Place" und „Der Dok-
tor und das liebe Vieh" mitgeseufzt und mitgefiebert? Nach-
richten-Sendungen wie *Dispatches* auf Channel 4 und *Pano-
rama* sind berüchtigt für ihre schonungslos kritische und
kontroverse Berichterstattung. Und sowieso zählen Doku-
mentationen auf BBC weltweit zum Besten, was über den
Äther läuft. Ehrfurchtsvoll klicken sich deutsche Werbe-
und Medienschaffende durch die Internet-Version von *Top
Gear*, einer Autoshow, in der drei schluffige, aber überaus
witzige Männer um die fünfzig in Luxuslimousinen Wett-

rennen mit Royal Air Force Düsenflugzeugen veranstalten oder mit Doppeldecker-Bussen über Motorräder springen und dabei regelmäßig beherzt über Deutsche, Japaner und generell alle Nicht-Engländer herziehen.

Damit Ausländer – besonders Deutsche – sich nicht ganz so dilettantisch und minderwertig fühlen müssen (Sie können jetzt wieder aufstehen), haben die Engländer in den letzten Jahren Dutzende von *reality shows* wie *Big Brother, Celebrity Big Brother* und *I'm a Celebrity Get me Out of Here* (die englische Version von Dschungelcamp) produziert, bei denen man nicht nur zugucken kann, wie Engländer gähnen, ihre Nasenhaare schneiden und sich Baumwollbällchen aus dem Bauchnabel pulen, sondern auch, wie sie in Mülleimer pinkeln und sich leere Weinflaschen einführen. *Booze Britain* präsentierte Engländer, die sich langsam aber sicher vollaufen lassen und im Anschluss mit der britischen Polizei kollidieren, *Birth Night Live* war ein Live-Mitschnitt aus englischen Kreissälen, *Going Cold Turkey* eine launige Doku, in der Junkies zum Wettentzug in der Reha-Klinik antreten. In *The Virgin Diaries* teilten Jugendliche ihren ersten Sex live mit der ganzen Nation, und in *The Guantanamo Guidebook* konnte man live dabei sein, wenn willige Kandidaten nach gängigen Militärmethoden verhört und gefoltert wurden. Aufschlussreiche Einblicke in das echte englische Leben geben auch Serien, deren Darsteller nicht halb so geleckt aussehen wie ihre Kollegen in deutschen oder amerikanischen Schmonzetten, sondern Falten, fettige Haare und krumme Zähne haben und sich benehmen wie ganz normale Menschen. Sie rauchen, müssen aufs Klo, gehen fremd, betrügen die Steuer, haben lausige Jobs und Seitensprünge, wohnen in öddeligen Wohnungen und ihre Freunde, Nachbarn und Kollegen sind genauso doof wie sie selbst. Nehmen wir zum Beispiel die großartige Serie *IT Crowd*. Worum geht's? Um einen moppeligen Computersupporter mit einer Vorliebe für Fastfood und Unterwäschekataloge, seinen nerdigen Kollegen, der aussieht als würde ihn noch seine Mutti anziehen sowie eine Chefin, die keine Ahnung von Tuten und Blasen hat. In *Office*, dem englischen Vorbild für *Stromberg*, ist der Held ein schmieriger, untersetzter Abteilungsleiter, der seine Angestellten mit billigen Witzen traktiert. Zwei trunksüchtige Freunde, von denen einer arbeitslos ist, spielen die Hauptrollen in der Serie *Men Behaving Badly* – deren Titel Programm ist. In der Serie *Extras* straucheln zwei erfolglose Statisten im Dickicht des Filmgeschäfts vor sich hin. Unvergesslich bleibt auch die vom Sender ITV produzierte Serie *Cracker* – der deutsche Titel hieß „Für alle Fälle Fitz": Ein fetter, alkoholabhängiger, kettenrauchender, spielsüchtiger, ehebrecherischer und misanthropischer Kriminalpsychologe spielt die tragende Rolle. Oder die Sitcom *Absolutely Fabulous*, in der zwei Frauen mittleren Alters sich fortwährend betrinken und dann gegenseitig zur Schnecke machen. Die Lieblings-Soap der Queen, *Coronation Street*, wird seit den Sechzigern vier Mal in der Woche ausgestrahlt und zeigt die einfachen Freuden der *working class* im fiktionalen Ort *Weatherfield*: Vergewaltigung, Mord, Abtreibung – und danach ein paar Bier im Pub. Im englischen Äquivalent zur deutschen Lindenstraße, der Serie *Eastenders*, lernt man aufs anschaulichste, dass man im Nordosten Londons entweder ruckzuck tot ist – oder mit einem prügelnden Skinhead verheiratet.

Nichts lieben die Engländer aber so sehr wie *property tv shows* und *Do-It-Yourself-tv-shows*, liebevoll auch als *property porn* bezeichnet. Es gibt Millionen von Sendungen wie *Honey I Ruined the House*, in denen die unglückseligen Versuche von Dave, Pete oder Nigel, die aus der Familienküche einen Swimmingpool machen wollten, damit enden, dass das ganze Haus aussieht wie eine abgerockte Methadonjunkie-Wohnung. Formate wie *Country House Rescue* berichten zu hitchcockartiger Hintergrundmusik, dass Bambus, Knöterich und Bäume aller Art gefährlicher für Häuser sind als eine marodierende *streetgang* aus Tottenham. Shows wie *Celebrity Fantasy Homes* beglücken ihre Fans mit Bildern von lebensgroßen Keramikpanthern, weißen Kunstlederchaiselongues oder goldenen Klodeckeln irgendwelcher Big Brother-Berühmtheiten. In der Reality-Show *Changing Rooms* durften ausgewählte Paare das Zuhause ihrer Nachbarn, Freunde oder Verwandten umgestalten – mit haarsträubenden Ergebnissen. Das markerschütternde *„Oh my God!"* der jeweiligen Hausbesitzer angesichts der Ergebnisse verriet, dass sie den Heimveredlern nach Abzug des Filmteams gleich an die Gurgel gehen würden. Sendungen wie *Property Ladder* oder *Location Location Location*, zeigen wiederum, wie man Häuser kauft, die noch die eigenen Ururenkel finanziell in den Ruin treiben werden. Bankenkrise? Immobilienblase? Pah, *get off it!*

Um „Tante Bieb" (*Auntie Beeb* – wie die Einheimischen liebevoll zur BBC sagen) zu sehen, braucht man eine Fernseh-

Lizenz. Beziehungsweise: Sowie man in England einen Fernseher kauft, bekommt man einen Brief, der erläutert, dass man fortan eine *television licence fee*, eine „Fernseh-Lizenz-Gebühr" entrichten muss[42]. Die Gebühr ist eine Art englische GEZ-Gebühr und unterstützt Programme, die sich nicht durch Werbung finanzieren. Sie beträgt etwa £130 jährlich für Farbfernseher und £42.00 für Schwarzweiß-Fernseher; erst im Alter von 75 Jahren wird man davon befreit. Weigert man sich, sie zu bezahlen, kriegt man nicht wie in Deutschland niedliche Bluff-Warnungen, sondern wandert gleich ins Gefängnis. Wie der Staat es spitz kriegt, dass man sich einen Fernseher zugelegt hat – keine Ahnung. Vielleicht hat das ja mit den vielen Kameras zu tun, die überall in England stehen. Womöglich sind die doch nicht nur dazu da, die Engländer vor bösen Räubern zu schützen. So manche einheimische Kritiker schwören übrigens Stein und Bein, dass es mit dem englischen Fernsehen steil bergab gehe. Allerdings nur bis zu dem Moment, in dem sie zum ersten Mal deutsches Fernsehen einschalten. Dann bereuen sie (aus gutem Grund und tiefem Herzen) alles, was sie jemals über ihr wunderbares Heimatfernsehen gesagt haben. Eine nationale Kultsendung im Radio ist der *Shipping Forecast* auf BBC4: vier Mal am Tag sendet sie Wetterberichte

---

[42] *Übrigens: Um in Deutschland in den Genuss von britischem Fernsehen zu kommen, muss man einfach eine 80 cm große 0,1 db Single Universal LNB Antenne auf Astra 28,2° ausrichten, Frequenz 11426 V oder 11342 V eingeben und noch ein paar unfassbar komplizierte Dinge tun, dann Tee trinken und abwarten.*

und -vorhersagen für das Gewässer um die britischen Inseln. Ihre Beliebtheit bei Alt und Jung verdankt sie wahrscheinlich weniger den maritimen Fachbegriffen, aus denen ohnehin keine Socke schlau wird, als vielmehr der hinreißend altmodischen und geradezu hypnotisierenden Art, in der all die Zahlen, Daten und Meeresregionen von der netten Stimme in lupenreinem BBC-Englisch aufgezählt werden: „*Viking, North Utsire, South Utsire, nine eight oh, expected norwegian sea, nine seven six by nighttime, Forties, Cromarty, Forth ...*" Zzzzt. Ein bisschen erinnert das Ganze an das beruhigende Testbild, das früher nach Sendeschluss im deutschen Fernsehen zu sehen war, nur eben mit Ton statt Bild. Weniger einschläfernd ist die englische Musikszene. Obwohl ein deutscher Musikforscher England im 19. Jahrhundert „Land ohne Musik" nannte (weil die Nation bis dahin außer Händel, der auch noch ein Deutscher war, keinen nennenswerten Komponisten hervorgebracht hatte), ist die Insel seit den 60ern des letzten Jahrhunderts der weltgrößte Lieferant von Gitarrenbands und blassen, androgynen Sängern mit guten Frisuren. Wie viele junge Menschen auf der ganzen Welt haben sich wohl zu Musik von Beatles, Stones und The Kinks einen Joint durchgezogen? Zu Led Zeppelin, Pink Floyd und Deep Purple Luftgitarre gespielt? Zu The Police, Cure und Joy Division fingerdick Kajalstift aufgetragen? Zu Sex Pistols und The Clash die Jingler-Jeans zerschnitten und mit Sicherheitsnadeln versehen? Zu Oasis, Blur, Pulp, Suede und The Verve trotzig aus dem Jugendzimmerfenster gestarrt? Und wie viele Menschen joggen täglich zu den MP3 Aufnahmen von Franz Ferdinand, the

Libertines, den Arctic Monkeys oder – nicht zu vergessen – Robbie Williams durch den Park? Wenn die Engländer etwas können, dann gute Popmusik machen.

Eigentlich. Denn gleichzeitig und weil nichts in England nur eine Seite hat, darf hier nicht verschwiegen werden, dass ebendiese Engländer neben Rumänien und Aserbaidschan jedes Jahr die grauenhaftesten Interpreten zum Eurovision Song Contest schicken und diese grundsätzlich als *„our strongest in years"* – „unsere Stärksten seit Jahren" – ankündigen. Schauen wir uns doch mal ein paar starke englische Teilnehmer der letzten Jahrzehnte an: Zum Beispiel Kenneth McKellar – Typ Versicherungsberater im Schottenkilt, der 1966 mit seinem No-Hit-Wonder *A Man without Love* die längsten drei Minuten der Welt bestritt. Oder Black Lace – die Band, bei der sich zwei Mitglieder mit Suzi-Quatro-Frisur eine Gitarre teilten und einer von ihnen dazu *Mary Ann* röhrte wie Rod Steward in einer Tupperdose. 1991 versuchte die Eastender Darstellerin Samantha Janus, ganz Nicole, mit ihrem Song *A Message to Your Heart* die Ungerechtigkeit der Welt zu bekämpfen – und bekämpfte dabei die Augen und Ohren von Millionen von Europäern. 2003 schafften Jemimi mit *Cry Baby,* was kaum ein Eurovisionsteilnehmer schafft: nämlich null Punkte zu bekommen. Ein Debakel, das die Engländer darauf schoben, dass England sich zu dem Zeitpunkt im Krieg gegen Irak befand. Andere begründeten es damit, dass die Interpreten keinen einzigen Ton halten konnten. Daz Sampson trug im Jahr 2006, umrahmt von Mädchen in Schuluniform, eine Art Rap-Song vor und schunkelte dazu, als sei er im ZDF Fernsehgarten.

2011 schließlich versuchte die Boyband Blue, sich mit einem erstaunlichen Mix aus schlecht sitzenden Kostümen, holziger Choreographie und dem Song *I can* auf Platz 1 vorzutänzeln und wurde glatt von Moldawiern mit gigantischen Eiswaffeln auf dem Kopf besiegt. Ich sage nur: Manche Dinge möchte man für immer aus seinem Gedächtnis löschen. Dass alle diese englischen Künstler fernab der ersten Plätze landeten, war allerdings natürlich von der ersten Sekunde abzusehen und, da bin ich sicher, nicht bloßem Pech zu verdanken, sondern gewieftem englischen Kalkül. Schließlich: Wer will schon den Grand Prix gewinnen und als Strafe im folgenden Jahr die gesamte bucklige Eurovision-Song-Contest-Bagage mit ihren seltsamen Kostümen, Sprachen und Essensgewohnheiten zur Revanche ins eigene Land einladen müssen. Das Ganze *for a pocketful of fluff and buttons*? – für'n Appel und'n Ei also. Das, wo die Engländer ja obendrein, wir sprachen bereits darüber, nichts so unangenehm finden wie Besuch? Die Briten sind ja nicht blöd. Dann doch lieber auf den unteren Plätzen herumdümpeln, schön in Ruhe gelassen werden und sich auf das konzentrieren, was die Engländer am besten können: weiterhin die schönste Popmusik der Welt machen.[43]

43 *Der Plan ging allerdings ein paar Mal gründlich in die Hose. Viermal haben die Engländer schon den ersten Platz geholt. Die Sieger in Kürze: 1967 – Sandie Shaw mit Puppet on A String, 1976 – Brotherhood of Man mit Save Your Kisses for Me, 1981 – Bucks Fizz mit Making your mind up und 1997 – Katrina and the Waves mit Love Shine A Wave. Tja, kann ja nicht immer alles klappen.*

Ein weiteres englisches Musikphänomen heißt Cliff Richards. Schon mal den Namen gehört? Der Popsänger, der
übrigens auch zweimal am Eurovision Song Contest teil-
nahm, ist so etwas wie ein englisches Nationalheiligtum. Er
hat mit Songs darüber, dass Küsse und Blumen schön und
Trennungen blöd sind, mehr Platten verkauft als die Beatles,
hat seit den 50ern in jedem Jahrzehnt einen Top-1-Hit gelandet und außerdem 70 Top-10-Hits, 97 Top-20-Hits und
125 Top-40-Hits! Er wurde von der Queen noch vor Paul
McCartney, Mick Jagger und Elton John zum Ritter ge-
schlagen, sieht mit siebzig Jahren ungebotoxt aus wie der
junge Chris Roberts, fährt ständigen Gerüchten, dass er tot
sei, zum Trotz mit Rollschuhen über die Bühnen seiner aus-
verkauften Konzerte. Es gibt Cliff-Richards-Wein, Cliff-
Richards-Parfüm, und Cliff-Richards-Kinderbibeln – denn
obendrein ist er der bekannteste in England lebende Christ.
Bekannter noch als der stoffelige und vollbärtige Erzbischof
von Canterbury, was diesen ziemlich wurmen dürfte. Gegen
Cliff Richards können Udo Jürgens und Herbert Gröne-
meyer einpacken. Und ich kann an dieser Stelle endlich ge-
stehen, dass ich mit acht Jahren unsterblich in Cliff Richards
verliebt war. Vielleicht liest er diese Zeilen ja und holt mich
nach all den Jahren (in denen zumindest er angeblich noch
immer Jungfrau geblieben ist) endlich auf seinen weißen *rol-
lerblades* ab?
Apropos deutsche Musiker: Obwohl die Engländer Deutschen gegenüber ja, um es vorsichtig auszudrücken: eher zurückhaltend gestimmt sind, schwärmen einige jüngere Engländer für den sogenannten *Krautrock*. Damit sind legendäre

deutsche Rockgruppen wie Kraftwerk, Can, Tangerine Dream oder Popul Vuh gemeint. Und es gibt auch vereinzelt Fans von deutschen Bands wie Ideal oder Trio, deren Hit „Dadada" wahrscheinlich prima der englischen Vorstellung von gnadenlos deutscher Effektivität entspricht. Bei diesen Fans handelt es sich aber eher um eine gesellschaftliche Minderheit, die von echten Engländern skeptisch beäugt wird, weil sie auch anderen kontinentalen Kram wie Berlin, Salami und Kaffee schätzt. Tatsächlich würde kein echter Engländer auf den Gedanken kommen, dass deutsche Musik zu etwas taugt. Die meisten denken, dass Deutsche tagein, tagaus Lieder hören wie *„The final countdown"* von Europe oder *„I am looking for freedom"* von David Hasselhoff, welcher der britischen Presse mehrfach erklärt hat, dass sein Song maßgeblich für den Fall der Mauer verantwortlich gewesen sei. Manche Inselbewohner glauben gar nicht erst, dass so etwas wie deutsche Musik überhaupt existiert – das Vorspielen einer Musikantenstadl-Aufzeichnung würde sie in dieser Vermutung sicher bestätigen.

Natürlich schauen Engländer aber nicht nur fern oder singen, sondern lesen gelegentlich auch – englische Zeitungen zum Beispiel. Die waren früher nicht nur berühmt für ihre journalistische Qualität, sondern auch herrlich übersichtlich nach Leserschaft geordnet, wie der TV-Parlamentarier Jim Hacker in der 80er-Jahre-Sitcom *Yes, Prime Minister* trefflich erläuterte: „Der Daily Mirror wird von den Leuten gelesen, die glauben, sie würden das Land regieren. Der Guardian wird von den Leuten gelesen, die glauben, sie sollten das Land regieren, die Times wird von den Leuten gelesen, die das Land tatsächlich regieren, die Daily Mail wird von den Frauen der Leute gelesen, die das Land regieren, die Financial Times wird von den Leuten gelesen, denen das Land gehört, der Morning Star wird von den Leuten gelesen, die glauben, das Land sollte von einem anderen Land regiert werden, der Daily Telegraph wird von den Leuten gelesen, die dachten, das Land würde von einem anderen Land regiert, und die Sun wird von den Leuten gelesen, denen es völlig egal ist, wer das Land regiert, so lange sie dicke Titten hat."

Ich möchte aus aktuellem Anlass hinzufügen, dass die News of the World von den Leuten gelesen wurde, die sich jetzt eine neue Zeitung suchen müssen, weil ihre Zeitung dichtgemacht hat.[44]

Mit all dieser schönen Ordnung ist es heutzutage genauso Essig ist wie mit der altehrwürdigen Fleet Street, die Jahrhunderte lang die Heimat der britischen Presse war – bis deren neuer Obermufti Rupert Murdoch 1986 die Koffer packte, mit seiner Entourage zum Canary Wharf zog und den Exodus der Tageszeitungen und Nachrichtenagenturen einleitete. Sun oder Telegraph sind heute kaum noch zu unterscheiden, denn fast alle Zeitungen sind randvoll mit niedlichen Katzenbildern, dicken Möpsen, sexbesessenen Politikern, randalierenden Teenagern und aufpeitschenden

---

[44] *Sie erinnern sich: Ein paar Redakteure der News of the World hatten das mit der berühmten britischen Pressefreiheit missverstanden und dachten, dazu gehöre auch das Abhören von 8000 Mobiltelefon-Mailboxen und Bestechung. Kinkerlitzchen halt!*

Berichten darüber, dass böse (im Zweifel ausländische) Menschen englische Frauen, Kinder und Jobs stehlen und dafür Drogen, Krebs und den Euro auf die schöne englische Insel bringen wollen. Gottlob sind in dem ganzen Sodom und Gomorrha wenigstens noch ein paar Dinge so geblieben wie in den guten alten Zeiten. Zum Beispiel das absolut kryptische Kreuzworträtsel der Times und die nicht minder rätselhafte Rechtschreibung des Guardian, bei dessen Lektüre man zuweilen nicht weiß, in welcher Sprache die Artikel gehalten sind.[45]

Mit dem Lesen von Büchern haben es die modernen Nachfahren von William Shakespeare, Lord Byron und Charles Dickens allerdings nicht so, sieht man vom „Großen Buch der Autoreparaturen", „Harry Potter", Liebesschmonzetten und dem auf jedem Gästeklo rumliegenden Reader's Digest Magazin mal ab. Komisch eigentlich, denn in England werden nicht nur die meisten Bücher der Welt produziert – diese sind laut den dazugehörigen englischen Klappentexten außerdem mindestens sensationell, spektakulär, fantastisch, faszinierend, umwerfend, atemberaubend, beispiellos, über-

---

45 *Der Guardian war schon immer berühmt dafür, eine unfassbare Menge an Rechtschreibfehlern zu produzieren. Die Redakteure brachten es einmal sogar fertig, den Namen der eigenen Zeitung im Impressum falsch zu schreiben: „The Grauniad" statt „The Guardian", was bis heute an ihnen kleben blieb. Man muss allerdings einräumen, dass sie dafür furchtlosen Journalismus betreiben – ohne die unermüdliche Mannschaft des Guardian wäre beispielsweise der Skandal um News of The World nie ans Licht gekommen! Dafür darf man doch wohl auch mal ein paar kleine, unwichtige orthographische Fehletbd fhu xs6v ö!*

wältigend, markerschütternd, zum Niederknien, eine Offenbarung, gigantisch, triumphal, göttlich und episch.

Schon die Titel manch englischer Werke sind eine wahre Freude. Wer wüsste nicht brennend gerne, was hinter dem Titel „Wie man eine Zahnarztpraxis führt: Der Dschingis-Khan-Weg" steckt? Wer möchte nicht stehenden Fußes „Das Große Buch der Lesbischen Pferdegeschichten" oder „Das Bilderbuch der Zungenbeläge" verschlingen? Auch Titel wie „Unkraut in einer sich wandelnden Welt", „Stilvoll strippen und stricken", „Käseprobleme gelöst" oder „Ich wurde von der Pygmäen-Liebeskönigin gefoltert" lassen Großes erahnen. Seit 20 Jahren zeichnet das englische Verleger-Magazin *Bookseller* die schillerndsten englischen Buchtitel mit dem begehrten Titel *„Oddest Book Title of the Year"* aus. Glückwunsch!

Ferien und Feiertage

*Sonnenbrand in Torremolinos, Schnupfen in Bognor Regis,
Mückenstiche in Balmoral und ein Truthahn
namens Gregor.*

Die Engländer sind seit jeher ein reiselustiges Völkchen. Schon vor Hunderten von Jahren sah man sie in alle Welt ausschwärmen, ausgestattet mit allem, was reisende Engländer damals brauchten: karierte Reisedecken, Schirme, Fernrohre, Seekisten, Hutschachteln, Picknickkörbe und Haustiere. Auch heute sind englische Touristen zum Beispiel aus spanischen Orten wie Torremolinos, San Antoni oder Magaluf nicht mehr wegzudenken: Vodka-Lemon trinkend in der Flugankunftshalle, Fußballhymnen schmetternd in der Hotellobby des Hotel Inglès, Chips und Chicken-Curry mampfend in der Tapas-Beachbar oder in Badehosen und Socken bei der Kirchenbesichtigung. Engländer sind einfach Meister darin, es sich unterwegs so schön wie daheim zu machen (nur mit etwas mehr Sonnenbrand). Dabei exportieren sie mit Vorliebe gleich ihre ganze Infrastruktur ins Urlaubsland: im Norden Fuerteventuras findet man neben englischen *pubs*, *fish & chips*-Läden, lausigen englischen Sängern und DJs sogar die typischen, roten englischen Telefonzellen! Fremdsprachenkenntnisse bringen Engländer dagegen in der Regel keine mit. Wozu auch? Schließlich lässt sich auch ohne dass man dafür die Schulbank drücken müsste mit wenigen Worten jede Urlaubssituation meistern:

Can I have a bucket of this, with a straw? – „Kann ich einen Eimer von dem da haben, mit Strohhalm?"

Ouch, my head! – „Autsch, mein Kopf!"

That's not a red t-shirt, that's my skin. – „Das ist kein rotes T-Shirt. Das ist meine Haut."

Natürlich werden betuchtere Engländer eher einen individuell auf ihre Bedürfnisse zugeschnittenen Auslandsurlaub machen, zum Beispiel Wanderferien in Murmansk, einen Helikopterflug zum Vulkansee in Kamtschatka oder Einhandsegeln in Nova Sofala. Was sie mit den englischen Pauschalreisenden verbindet, ist jedoch, dass sie im Ausland irgendwann dann doch das englische Essen und den englischen Tee (*proper food and tea*), eine verständliche Währung und das eigene Haustier vermissen. Auch der allmorgendliche und vollkommen aussichtlose Kampf gegen die Deutschen um die Strandliegen (wahlweise Trekkingstöcke, Helikopterfensterplätze oder Schwimmwesten) nervt.[46]

Deshalb machen viele Engländer lieber Urlaub im eigenen Land anstatt in die Ferne zu reisen. Dafür gibt es sogar ein Wort: *Staycation* – zusammengesetzt aus den Wörtern *stay* („bleiben") und *vacation* („Urlaub") – entspricht genau dem deutschen „Balkonien". So ist es beispielsweise in der *working class* und der unteren *middle class* sehr beliebt, per Zug mit der ganzen Familie an den Kiesstrand von Bognor Regis

---

46 *Deutsche schleichen schon morgens um 6 Uhr mit ihrem Handtuch an den Strand, um den besten Liegeplatz zu bunkern; normale Engländer sind um diese Zeit einfach noch zu verkatert, um überhaupt ans Aufstehen denken zu können.*

zu fahren. Wo ließe es sich auch schöner im prasselnden Regen in eine Decke gewickelt auf einem Klappstühlchen sitzen? Besonders, wenn es dazu Tee aus der Thermoskanne, köstliche Hotdogs und Zuckerwatte gibt. Andere Engländer zieht es ins entlegene Margate, wo Imbissbuden und Schlägerlokale Seit an Seit stehen und man bei orkanartigen Böen im Windfang zusammengekauert den Übergang vom grauen Himmel zum grauen Meer (oder, bei Ebbe, zu zwei Kilometern grauem Matsch) betrachten kann. Hier wurde Tracy Emin, die berühmteste zeitgenössische Künstlerin Englands, geboren. (Anmerkung: Unerklärlicherweise verließ sie den Ort und wohnt jetzt in London.) Wieder andere Engländer pilgern nach Burnham, einen Ort an der See, der sich rühmt, das kürzeste Pier Englands zu haben. Von hier aus hat man eine wunderschöne Aussicht auf das nahegelegene Atomkraftwerk Hinkley Point und kann Wanderungen im lebensgefährlichen Watt machen. Ein anderer Dauerbrenner bei englischen Urlaubern ist Eastbourne. In diesem beschaulichen Örtchen, das Einheimische liebevoll *Gods Waiting Room* – „Gottes Wartezimmer" – nennen, findet man nebst einem bröckelnden Pier und einigen Teestuben die wohl weltweit größte Population Über-Siebzigjähriger. Auch die englische Riviera hat ihre Freunde. Im Badeort Torquay – wahlweise Englisches Montpellier, Englisches Neapel oder Englisches Bielefeld genannt – steht das Hotel Gleneagles, dessen so unfähiger wie unhöflicher ehemaliger Besitzer Donald Sinclair nicht nur den Titel „Garstigster Hotelier der Welt" erhielt, sondern auch den Komiker John Cleese zur berühmten Hotel-Serie „Fawlty Towers" inspirierte.

Blackpool, Brighton, Weston-Super-Mare, Whitby, Hampshire Coast, Great Yarmourth, Devon, Dorset, Cornwall, Cumbria, Porlock, Bornemouth, St. Ives, Scarborough … Die Liste der Badeorte, in denen man sich eine Lungenentzündung holen und in öddeligen Frühstückspensionen (*B&Bs*) mit Nylonbettlaken, rationiertem Heißwasser und grimmiger Wirtin (*landlady)* nächtigen kann, ist schier endlos.

Als absolute Luxus-Urlaubsregion gilt North Cornwall, obwohl es da außer langweiligen *cottages* nichts und wieder nichts gibt. Warum die Ecke trotzdem bei betuchteren Engländern so beliebt ist? Ganz einfach: Seit Richard Beeching, seines Zeichens ehemaliger Vorsitzender der British Railways, diverse Bahnlinien stillgelegt hat – diesen Akt nannte man im Volksmund auch „Beeching-Axt" –, kommt die *working class* nicht mehr dorthin.

Englandreisende werden folgende Redewendungen als hilfreich empfinden:

Does it always rain that much? – „Regnet es immer so viel?"

Do you also have fleece-lined flipflops? – „Haben Sie auch mit Vlies gefütterte Strandlatschen?"

Is that a jellyfish or a plastic bag? – „Ist das eine Qualle oder eine Plastiktüte?"

Nicht alle Engländer zieht es ans Meer. Für viele Familien aus der *upper middle* und *upper class* ist es zum Beispiel ein unvergleichliches Sommervergnügen, sich in einem heruntergekommenen Landsitz ohne Zentralheizung und voller schimmliger alter Bücher einzumieten. Von da aus lassen sich besonders bei sintflutartigen Regengüssen unvergessliche Wanderungen *(hikes)* durch sumpfige Kuhweiden und Schwärme von Mücken machen. Ganz nach dem Vorbild der Royal Family, die mehrmals im Jahr mit Gummistiefeln, Tweedjacketts und Corgis bewaffnet ins abgeschiedene Balmoral pilgert.

Ein neuerer Trend unter hippen *middle class*-Engländern heißt *Glamping*, kurz für *Glamour-Camping*, die Luxus-Variante von Campingurlaub. Dabei nächtigt man nicht wie Otto Normalverbraucher *(Joe Public)* in stinknormalen Wohnwagen oder Zelten, sondern in Jurten, Tipis und Baumhäusern und isst zum Entsetzen seiner Kinder nicht leckere *baked beans* auf Toast, sondern Delikatessen wie in Tang gewickelten Fisch. Statt Volleyballplätzen und Tischtennisplatten gibt es eine Stelle am Bach, bei der man sich in Kuhfladen setzen und von Stechfliegen angreifen lassen kann.

Nicht wenige Engländer steuern übrigens Deutschland als Urlaubsziel an. Und das, obwohl englische Reiseführer ausdrücklich vor den unfreundlichen Deutschen warnen: Furchtbar behaart seien sie, würden ständig splitternackt durch die Gegend spazieren, und ihre Autos dürfe man auf keinen Fall anfassen – nur anbeten.

Natürlich gibt es in England nicht nur Ferien, sondern etliche Feiertage, sogenannte *bank holidays* – abgeleitet von *holy days*, „heilige Tage". Nur wenige Engländer wissen genau, was es mit denen eigentlich auf sich hat. Das liegt daran, dass Engländer von jeher mit Religion nicht so viel am Hut haben. So entschied die Regierung irgendwann, dass die Römisch Katholische Kirche mit ihrem Erbsündengehabe nicht der wahre Jakob ist und erfand einfach ihre eigene Religion: Die *Church of England,* kurz *C of E., e*ine prima Kirche für Leute, die Religion zwar ganz nett finden, aber Sonntags im Zweifel lieber Shoppen gehen als Kirchenlieder singen. Freie Tage verbringen Engländer auch gern mit Werkeln an Haus und Garten − ein Umstand, der zur Folge hat, dass diese traditionell zu sehr arbeitsreichen Tagen für Erste-Hilfe-Sanitäter und Ärzte in den örtlichen Notaufnahme-Kliniken macht.

Hier die wichtigsten jährlichen Anlässe zum Feiern:

1. Januar, *New Year's Day:* An diesem Tag kurieren die meisten Engländer ihren Silvester-Kater aus, bereuen die am Vorabend leichtfertig gefassten guten Vorsätze und stellen sich schon mal in die Schlange für den beginnenden *Winter Sale*, den „Winterschlussverkauf".

14. Februar, *Valentinstag:* An diesem Tag wird der Schutzheilige des Kartenherstellers Hallmark geehrt. Wer trotz der ganzen Herzen und Luftballons in allen Schaufenstern an diesem Tag von seinem Partner vergessen wurde, darf den ganzen Tag schmollen. Wer dank elektronischer Terminerinnerungen an den Tag gedacht hat, schenkt einen Strauß roter Rosen. Oder, gewiefter, eine einzige rote Rose. Das ist romantischer − und vor allem viel günstiger.

17. März, *St Patrick's Day:* Der Schutzpatron des köstlichen Guiness Biers, Gott segne ihn.

4. Sonntag der Fastenzeit, *Mothers Day:* An diesem Tag schenken englische Kinder ihren Müttern um 5 Uhr früh verbrannten Toast und kalten Tee und ein undefinierbares, selbst gebasteltes Irgendwas, um sie zu ehren. Die Mütter

erwachsener Kinder bekommen traditionell spätabends eine etwas hektisch dahingeschriebene Kurzmitteilung.

Karfreitag, *Good Friday:* Wie die Deutschen gedenken auch die Engländer an diesem Tag der Leiden Jesu. Ganz besonders *good* am *Good Friday* ist die Tatsache, dass es an diesem Tag köstliche warme Rosinenbrötchen mit einem Teigkreuz obendrauf gibt.

März/April, *Easter:* Am Ostersonntag kommt der Osterhase und bringt Eier aus zweitklassiger Schokoladen-Produktion. Was die allerwenigsten Engländer wissen: Der Hase ist eine Erfindung der doofen Deutschen. Ätsch.

23. April, *St Georges Day:* Der englische Nationalfeiertag ist nicht der beliebteste Feiertag in England, da er blöderweise nicht frei ist. Geehrt wird der Schutzheilige St George, der angeblich im Jahr 300 das Christentum verteidigt, einen schlimmen Drachen besiegt und eine wunderschöne Jungfrau gerettet hat. In Wirklichkeit weiß niemand etwas über den Mann, außer dass sein rotes Kreuz auf weißem Grund Pate für die englische Flagge stand. Die dürfen besonders national gesinnte Engländer an diesem Tag fröhlich aus dem Bürofenster heraus schwenken.

1. Mai, *Early May Bank Holiday:* An diesem Tag begrüßen Kinder den Sommer mit Blumenkränzen und bunten Bändern. Viele Jugendliche wiederum begrüßen die heranrückende Polizei mit Schlagstöcken und Pflastersteinen.

Letzter Montag im Mai, *Spring Bank Holiday:* Diesen Tag zelebrieren die meisten Briten traditionell mit einem ausgedehnten, mehrstündigen Verkehrsstau und einem anschließenden Massenauflauf im örtlichen Gartencenter.

Anfang Juni, *Tit Tuesday:* Der erste Tag im Jahr, der so warm ist, dass Männer vor den *pubs* stehen und Bier trinken und leicht bekleidete Frauen zeigen, was sie die letzen Monate unter ihren Mänteln versteckt haben. Der Tit Tuesday ist zwar kein offizieller Feiertag aber unter englischen Männern dennoch beliebter als Weihnachten und Ostern zusammen.

Mitte Juni, *Wimbledon Lawn Tennis Championships:* Zwei Wochen im Jahr, an denen es garantiert regnet. Sehen Sie es positiv. Die Wahrscheinlichkeit, dass Sie als Zuschauer einen Sonnenbrand bekommen, ist gleich null.

Mitte Juni, *Royal Ascot:* Ein Sport-Ereignis, bei dem Frauen mit gigantischen Hüten auf dem Kopf schaulaufen, auf Stöckelschuhen balancieren und Champagner trinken. Zur Untermalung des Spektakels laufen im Hintergrund ein paar Pferde vorbei.

2. Samstag im Juni, *Trooping of the Colour:* So heißt die alljährliche Militärparade zu Ehren des Queen-Geburtstags, der tatsächlich am 21. April ist, aber aus Wettergründen lieber im Juni gefeiert wird. Übrigens zieht die Parade überwiegend zu deutscher Marschmusik durch die Straßen!

Letzter Montag im August, *Summer Bank Holiday:* Das lange Wochenende markiert alljährlich das Ende der Sommerschulferien und ist ein Ereignis, das besonders Eltern leidenschaftlichst herbeisehnen.

Letztes Augustwochenende, *Notting Hill Carnival:* Was im Londoner Stadtteil Notting Hill mit ein paar herumhopsenden und trommelnden Rastafari begann, hat sich mittlerweile zu einer von Europas größten Straßenpartys gemausert, die bei karibischen Immigranten, Briten und Touristen gleichermaßen beliebt ist. Die Festivität ist außerdem der einzige Anlass, bei dem es Briten offiziell erlaubt ist, Augenkontakt zu haben und mit den Hüften zu wackeln.

31. Oktober, *Halloween:* Traditionell versucht man an diesem ursprünglich keltischen (na-hein, nicht amerikanischen!) Festtag herumirrende Geister, Dämonen und Hexen milde zu stimmen, in dem man ihnen Nüsse und Beeren reicht. In jüngerer Zeit hat man allerdings festgestellt, dass sie Mars- und Snickers-Riegel bevorzugen.

5. November, *Guy Fawkes Night:* Zu Ehren von Guy Fawkes, der im Jahr 1605 versuchte, sowohl das Parlament als auch den zu Lebzeiten ziemlich unbeliebten König James I. in die Luft zu jagen und das − einer alten englischer Heldentradition entsprechend − gründlich vermasselte, werden abends landesweit Lagerfeuer angezündet und Feuerwerkskörper in die Luft gejagt.

25. Dezember, *Christmas Day:* Im Morgengrauen des 25. Dezembers werden englische Eltern traditionell vom ausgelassenen Geschrei ihrer Kinder geweckt, die wie die Hunnen aufs Burgunderland über die Geschenke herfallen, die *Father Christmas* nachts liebevoll in riesige Socken gestopft und an den Kaminsims getackert hat. Im Anschluss an die direkt folgende hitzige (und nicht selten zum Familienstreit ausufernde) Debatte, weshalb Kind 1 Playstation 3 bekommen hat, aber Kind 2 nur ein blödes Skateboard, gibt es ein Versöhnungs-Mittagessen, bei dem alle Familienmitglieder Papphüte tragen, einen Truthahn namens Gregor essen und *Christmas Cracker* knallen lassen − Tischböller, in denen in Taiwan hergestellte Mini-Nagelknipser stecken,

ein winziges Auto-Modell aus Plastik oder Lebensweisheiten wie „Glaube an dich, sonst tut es keiner" oder „Ein Mann, der die Wahrheit spricht, braucht ein schnelles Pferd". Gegen 15 Uhr verschwinden die Kinder in ihrem Zimmer und die Eltern setzen sich vor den Fernseher, um gemütlich bei der jährlich stattfindenden Weihnachtsansprache der Queen wegzunicken.

26. Dezember, *Boxing Day:* An diesem Tag besucht man Freunde und Bekannte, um ihnen eins überzubraten. Na gut, das stimmt nicht ganz. Der verheißungsvolle Name rührt nämlich enttäuschenderweise nur daher, dass Arbeitgeber ihren Angestellten zur Feier kleine Geschenke überreichten – in *boxes*, also „Schachteln". Wenn man heutzutage Angestellte sieht, die mit Kisten beladen die Firma verlassen, handelt es sich in der Regel eher um einen *Shit Day*, dem ein noch viel längerer (unfreiwilliger) Urlaub folgt.

31. Dezember, *New Year's Eve:* Ursprünglich ein sehr kostengünstiger Feiertag, da man um Mitternacht lediglich die Gartentüre aufmachte, um das alte Jahr raus zu lassen, und dann die Haustüre aufmachte, um das neue Jahr rein zu lassen. Anschließend fasste man sich an den Händen und sang *Auld Lang Syne*. Seit die Millenniumsfeier die Latte höher gelegt hat, erwarten allerdings auch englische Kinder kilometerweit sprühende Silberfontänen und Supervulkane. Eine englische Besonderheit sind die *days in lieu*, (ein französisch-englisches Wort, das soviel bedeutet wie „Anstatt-von-Tage"), die dafür sorgen, dass Feiertage, die auf einen Samstag oder Sonntag fallen, am anschließenden Werktag nachgeholt werden.

Politik

*Keine gescheite Verfassung, aber Lachsalven, ein Lordkanzler
auf einem Wollsack und eine Königin auf Teetassen.*

Das Vereinigte Königreich von Großbritannien und Nordirland ist das einzige Land Europas, das statt einer geschriebe-
nen Verfassung nur einen unsortierten Haufen von Gesetzen
und Gepflogenheiten hat, die sich im Lauf der Geschichte
angesammelt haben. So ist z.B. nicht einmal verfassungs-
rechtlich festgeschrieben – sondern nur einem hübschen
Einfall von irgendjemandem zu verdanken -, dass England
einen Premierminister hat. Hat dieser wiederum den hübschen Einfall, das Parlament aufzulösen, kann er das zusammen mit der Queen jederzeit tun.

Das Parlament besteht aus drei Teilen: Erstens ist da das de-
mokratisch gewählte Unterhaus *(House of Commons*, „Haus
der Gewöhnlichen"), an dessen Spitze der Premierminister
steht. Zweitens das nicht gewählte Oberhaus *(House of
Lords).* Und drittens die Königin, *Her Majesty the Queen.* Die
größte Macht hat das Unterhaus. Dessen momentan 646 gewählte Abgeordnete tagen im Nordflügel des *Palace of Westminster* in einer Kammer, die so winzig ist, dass nur 437 Abgeordnete gleichzeitig darin Platz haben. Regierung und
Opposition sitzen nicht wie in den meisten anderen Parla-
menten der Welt im Halbkreis um den jeweiligen Redner
herum, sondern in zwei gegenüberliegenden, feindlichen
Blöcken. Wer das Wort erhält, steht auf und versucht, sich

unter anfeuernden Rufen der eigenen Fraktion und Buh-
Rufen, Pfiffen und Lachsalven der Gegenseite Gehör zu ver-
schaffen. Das wird zusätzlich verkompliziert durch einen
heiseren, grauhaarigen Typen, der den Redner von einem
Baldachin-Thron am Kopfende der Unterhauskammer aus
fortwährend anmeckert. Dieser Typ ist der Unterhaus-Präsi-
dent – *speaker* genannt. Er ruft Abgeordnete zur Räson,
wenn diese sich anschreien, mit Tiernamen versehen oder
sich anderweitig daneben benehmen. Da das parlamentarische Prozedere streng der Regel folgt, während des parla-
mentarischen Prozedere sämtliche Regeln über Bord zu werfen, hat der *speaker* reichlich Anlass zu Ermahnungen, denn
viele Parlamentsreden strotzen nur so von persönlichen Beleidigungen bis hin zu Androhungen körperlicher Gewalt.[47]
Immerhin kann man dankbar sein, dass es seit dem Jahr
1313 offiziell verboten ist, im Parlament Rüstung und
Schwert zu tragen[48]. Auch Bücher sind in der Sitzungs-
kammer nicht gestattet – seit sie im 19. Jahrhundert zu
Wurfgeschossen unfunktioniert wurden.

47 *Dagegen war der für Zwischenrufe berüchtigte ehemalige Bundstags-*
abgeordnete Herbert Wehner ein Lämmlein, und auch Joschka Fischers
legendäres „Mit Verlaub, Herr Präsident, Sie sind ein Arschloch" nimmt sich
geradezu niedlich aus!
48 *Ein Überbleibsel aus der Zeit, als die Abgeordneten bewaffnet den Dienst*
antraten, ist der mit zwei roten Linien abgegrenzte Mittelraum der Unter-
hauskammer, der genau zwei Säbellängen misst, und den auch heute kein
Abgeordneter betreten darf.

Abgesehen von Vorfällen wie dem, als der englische Comedian Johnnie Marbles den Medien-Magnaten Rupert Murdoch vor versammeltem Parlamentsausschuss mit einer Rasiercreme-Torte bewarf (und daraufhin von Murdochs Gattin geohrfeigt wurde), wirft man sich heutzutage eher verbale Gemeinheiten an den Kopf.

So regte ein Parlamentsmitglied einmal eine Diskussion darüber an, ob das Geschlechtsteil des ehemaligen Premierministers John Mayor wohl mächtig genug für einen Mann in seiner Position sei. Obgleich John Mayers Angebot, das umstrittene Körperteil zur Ansicht freizulegen, mit einem einstimmigen Nein abgelehnt wurde, beschleicht den Zuschauer in solchen Momente leicht das Gefühl, in einer extrem unseriösen englischen Sitcom gelandet zu sein. Auch einige der im Lauf der Zeit beschlossenen Gesetze sind recht lustig. So ist es beispielsweise untersagt, sich der Königin ohne Socken auf weniger als 100 *yards* zu nähern, im Westminster Palace zu sterben oder mit einem ungezähmten Stier zu kämpfen. Hingegen ist es zulässig, als Schwangere gegebenenfalls in einen Polizeihelm zu urinieren. Auch das Abstimmungsverfahren im Parlament ist ungewöhnlich: Nachdem der Präsident eine Abstimmung angekündigt hat, müssen die Abgeordneten innerhalb von genau acht Minuten hurtig in einen „Ja-Raum" (*Aye-Room*) oder einen „Nein-Raum" *(No-Room)* wieseln. Wer zu spät kommt, steht stimmenlos vor verschlossener Türe.

Im Südflügel des *Palace of Westminster* befindet sich das ungleich elegantere, mit roten Ledersesseln, Kristallleuchtern und Goldverzierungen ausgestattete *House of Lords.* Aufgabe der edlen Herrschaften hier ist es im Wesentlichen, die Beschlüsse des *House of Commons* so lange zu diskutieren, bis die fraglichen Missstände sich von selbst erledigt haben. Dass es hier beschaulich zugeht, liegt zum einen daran, dass viele der rund 750 auf Lebenszeit ernannten und fast ausnahmslos im Rentenalter angesiedelten Abgeordneten *(peers)* auf den gemütlichen Ledersofas entweder ihren Rausch von gestern Abend ausschlafen oder (in Einzelfällen) unbemerkt verstorben sind. Und zum anderen daran, dass die Mitglieder, die sich gegenseitig mit „*Noble Lord*" oder „*Noble Baroness*" ansprechen müssen, sich natürlich zu fein sind, um herumzubrüllen wie der Pöbel aus dem Unterhaus. Stattdessen pflegen sie die ganz normalen, umständlichen, überhöflichen Regeln englischer Konversation. Das zieht Debatten natürlich in die Länge, weshalb der Lordkanzler es sich gelegentlich auf einem großen, mit Wolle gefüllten Kissen bequem macht, dem sogenannten *woolsack*.

Die Dritte im Bunde, die Queen also, ist zwar offiziell Staatsoberhaupt (*Head of State of the UK*) hat aber eigentlich gar nichts zu tun, außer die alljährliche Eröffnungsrede im Oberhaus zu halten, die sogenannte *Queen's Speech*. Die ist natürlich mit einer schnöden deutschen Regierungserklärung nicht zu vergleichen, sondern wie jede parlamentarische Handlung in England eine mit wundersamen Ritualen gespickte Zeremonie. Es fängt schon mal damit an, dass die königliche Leibgarde sämtliche Kellerräume des Parlamentsgebäudes mit Fackeln nach Schwarzpulver-Fässern absuchen muss, bevor die Königin in ihrer goldenen Kutsche vorfährt. Natürlich nicht, weil tatsächlich Gefahr drohen würde, sondern lediglich als Reminiszenz an den erfolglosen Attentäter Guy Fawkes, dessen übler Plan, Parlament und König in die Luft zu jagen, 1605 in letzter Minute vereitelt wurde. Für die Dauer der anschließenden Eröffnungszeremonie wird ein Parlamentarier im Buckingham Palast als „Geisel" genommen – bis die Königin wieder hoch zu Ross heil ins Schloss zurückgehoppelt ist. Auch das wieder so ein Überbleibsel aus Zeiten, als sich Monarch und Parlament nicht so richtig über den Weg trauten.

Als Nächstes wird der sogenannte *Black Rod* (auf Deutsch etwa: „Pförtner des schwarzen Stabs") zum Unterhaus geschickt, um die Parlamentsmitglieder zusammenzutrommeln. Traditionell schlagen diese ihm die Türe vor der Nase zu und öffnen sie erst wieder, wenn er mit seinem schwarzen Stab dreimal angeklopft hat. Wenn sich nach dem ganzen Zinnober alle Parlamentsmitglieder im *House of Lords* eingefunden und ihre Plätze eingenommen haben (was dank der rotweißen Trachten der vornehm rausgeputzten Lords auf den ersten Blick aussieht wie eine Versammlung von Weihnachtsmännern), schreitet die Queen in vollem Ornat zu ihrem Thron. Alsdann betet sie die von der Regierung geschriebene Thronrede mit völlig monotoner Stimme herunter. Das soll angeblich die Neutralität der Monarchie zum Ausdruck bringen. Vielleicht kommt es aber auch einfach daher, dass die Königin sich nach ihrer 55. Regierungsrede entsetzlich langweilt. Die Rede wird in Radio und TV übertragen und, nachdem die Queen wieder zum Schloss zurückkutschiert und in ihre gemütlichen Gummistiefel geschlüpft ist, in beiden Häusern tagelang debattiert.

Um alle offiziellen Titel der dienstältesten Monarchin der Welt aufzuzählen, bräuchte man sechs ganze Seiten in diesem Buch, beschränken wir uns also darauf zu sagen, dass sie nicht nur die Königin des Vereinigten Königreichs von Großbritannien und Nordirland ist, sondern auch Staatsoberhaupt von fünfzehn weiteren Nationen. Sie war auf rund 300 Staatsbesuchen in über hundert Ländern, hat fast eine halbe Million Orden und Auszeichnungen verliehen, unter ungefähr viertausend Gesetzestexte ihren Karl Otto, beziehungsweise ihre Elisabeth gesetzt und für Hunderte von Bildern und Skulpturen Porträt gestanden.

Ihr Hauptverdienst ist es aber, Chefin des berühmtesten Comedy-Ensembles der Welt zu sein – *The Royal Family!* Ohne deren lustige Romanzen und Skandale wären die weltweite *Yellow Press* und die Motiv-Teetassen-Industrie nie das geworden, was sie heute sind. Möge dieser Quell von Frohsinn, Heiterkeit und wunderlichen Hutmoden niemals versiegen. In diesem Sinne und um mit den Worten der Sex Pistols zu enden: *God save the Queen! We mean it, man!*